经典与解释

中國傳統　經典與解釋

入其國，其教可知也……其
爲人也：温柔敦厚而不愚，則
深於《詩》者也；疏通知遠而
不誣，則深於《書》者也；廣
博易良而不奢，則深於《樂》
者也；絜静精微而不賊，則深
於《易》者也；恭儉莊敬而不
煩，則深於《禮》者也；屬辭
比事而不亂，則深於《春秋》
者也。

——《禮記·經解》

中國傳統 經典與解釋 Classici et Commentarii

Classici et Commentarii

老子歷代注疏

李爲學 ◎ 主編

道德真經取善集

[金]李霖◎編撰

白杰◎校注

華夏出版社

HUAXIA PUBLISHING HOUSE

中央高校基本科研業務費專項資金資助
（Supported by the Fundamental Research Funds for
the Central Universities）
（項目編號：17LZUJBWZD015）

"老子歷代注疏"出版說明

　　老學在中華古學中看似並非主流(《道德經》一書畢竟未列於"十三經"),但在我國歷代文教中,實際具有極其重要的地位。且不論道家源遠流長以及與儒家和法家的關係,歷代名臣甚至一些皇帝也留下讀《道德經》的心得,表明老學關涉中國政治哲學的根本智慧。老學在古學中的環中之位,提醒我們不可以一曲之見管窺中華道統;老學與理學、佛學之間的關係,亦使我們能夠看到,華夏道統的屈伸以及由此而來的文明運命的變化。

　　"老子歷代注疏"旨在讓老學史上的重要文獻走出故紙堆,使之成為當今好古之士的修閑讀物。我們以《正統道藏》以及《中華道藏》為底本,選擇各時代具代表性的《道德經》注疏加以校注。校注方式依照"中國傳統:經典與解釋"系列旨在普及古典學術的編輯體例:繁體橫排,施以現代標點,針對今人難讀難解字詞給出拼音和釋義,文物典章人物職官隨文簡注。我們無意為有能力直接讀線裝書的今人畫蛇添足,也無意校勘古人文字訛誤,僅願為古典初學者進入老學的古傳文脈疏通文字,使歷代讀書人的《道德經》繹讀能夠成為滋養當代心靈的"活水"。

古典文明研究工作坊

中國典籍編注部己組

2014 年 8 月

目　録

校注説明

　　《道德真經取善集》,金李霖編撰。李霖,字宗傳,金饒陽(今屬河北省)人,性善恬淡,自幼至老,終身確然,研精於五千之文,編撰《道德真經取善集》十二卷,收録於《正統道藏》洞神部玉訣類。是書採集《淮南子》、嚴君平、河上公、鍾會、王弼、郭象、孫登、顧歡、羊祜、楊子、陶弘景、唐明皇、成玄英、張君相、王真、盧裕、蔡子晃、杜光庭、車惠弼、松靈仙、羅什、李榮、唐耜、臧玄静、陸希聲、劉進喜、劉仁會、司馬光、吕吉普、王元澤、蘇子由、陳景元、宋徽宗、馬巨濟、陸佃、曹道沖、舒王、劉仲平、李畋等數十家。其自序謂"今取諸家之善,斷以一己之善",故名曰《取善集》。卷前有劉允升撰於金世宗大定壬辰(1172 年)序,謂霖"會聚諸家之長,并敘己見,成六卷"。又《道德真經取善集》所集衆説,如林靈素、唐耜、舒王、凌遘等《道德經注》,已不見於書志,唯賴本書存其麟爪,尤足珍惜。

　　李霖推崇内聖外王之道。曰:"刑名兼全,道德一致。""言不逾於五千,義實貫於三教。内則修心養命,外則治國安民,爲群言之首,萬物之宗。"以"道德一合"論欲破儒道之壁壘,以全精、全氣、全神之全真理論主張欲慮不萌,静心保全己身爲内聖,且以生命之社會價值實現爲外王,從而實現内聖外王之道。

　　本書即以上海涵芬樓影印白云觀藏《正統道藏》本爲底本，現代標點則參照《中華道藏》本據文義擇優取之。原書體例，以《老子》八十一章經文爲綱目，而各附諸家之說皆另起行於其下，并附己說。今次整理，一依其舊。《老子》經文自爲一行，排以黑體字；所引諸家之注，排以宋體字；校注者隨文所作夾注則以小字號宋體跟排，以便觀覽。

　　《道德真經取善集》所集諸家之說，李霖於文中亦皆以"某曰"注明，然并無書目篇章，《校注》依《正統道藏》所收録諸家原文，力爲標注。然是書所引諸家之注，或因傳抄之誤，或因所引之注已佚，因此往往與原書難以盡合，或《校注》并未標注書目篇章，是以注中所標篇目，唯備覽者查閲，幸勿拘泥。諸家之注摘引大量《老子》《莊子》《論語》《周易》等多種經傳，《校注》皆標示出處。

道德真經取善集序

　　老氏當商之季,憫其世道衰微由乎文弊,於是思復太古之純,載_{始也}暢玄風,以激其流俗,至於輕蔑仁義,屏斥禮學,蓋非過直無以矯枉,仲尼所以欽服。既見,則嘆其猶龍。①惟聖知聖,始云其然也。關尹②睹紫氣之瑞,③識其真人度關,虔誠叩請,方垂至言。議者咸謂五經④浩浩不如二篇_{上部《道經》,下部《德經》,總二篇}之約,良有以_{有因}也。莊周、列御寇⑤羽翼_{輔佐}其教,亦猶鼓大浪於滄溟_{大海},聳奇峻於喬嶽⑥,

---

　　① 《莊子·天運》:"孔子見老聃歸,三日不談。弟子問曰:'夫子見老聃,亦得將何規哉?'孔子曰:'吾乃今於是乎見龍! 龍,合而成體,散而成章,乘乎云氣而養乎陰陽。予口張而不能嚼,予又何規老聃哉?'"

　　② 關尹,字公度,周天水人,周康王拜爲大夫,爲函穀關守令。

　　③ 傳函谷關守令關尹遠眺東方,紫氣浩蕩八千里,是爲聖人至,即老子出關所展現之祥瑞。

　　④ 五經,《詩》《書》《禮》《易》《春秋》。

　　⑤ 列御寇,戰國道家人物,鄭國人,後被道教神化。

　　⑥ 喬嶽本指泰山,後成泛稱。《詩·周頌·時邁》:"懷柔百神,及河喬嶽。"毛傳:"喬,高也。高嶽,岱宗也。"

此尚擬仿照其迹而未盡其意，要在忘言而後識其指歸主旨也。

漢文景間，治尚清静，世治隆平，率自曹參①，宗蓋公②之訓，足知道德範世之驗，果不虛云惜乎。晉朝流爲浮誕，王衍清談，反壞淳風。阮籍倡狂，又隳huī，毀壞名教。失其本而循其末，可不哀哉。賴隋之王仲淹③，深識其故，以謂虛玄長而晉室削，非老、莊之罪，以其用之不善也。唐韓愈猶譏其小仁義如坐井觀天。

嗚呼，愈負其才而昧不明於道，是亦聾盲於心，而不知太山雷霆可以驚其耳而駭其視也。一言以爲不智，每貽君子之嘆息焉。篤信之士，代不乏人，各隨其意，爲之注解，殆數十家，不惟觀覽之煩，抑掊póu，聚斂集之不易。

饒陽今河北饒陽縣李霖，字宗傅，性善恬淡，自幼至老，終身確然，研精於五千之文，所謂知堅高之可慕，忘鑽仰深入研求之爲勞，會聚諸家之長，并敘己見，成六卷。譬若八音④不同，均適於耳。五味酸、甜、苦、辣、咸各異，皆可於口。庶廣其

---

① 曹參以無爲治國，順黃老之術。

② 蓋公，膠西(今山東境内)人，西漢黃老道家學者。

③ 王仲淹，即王通(584—617)，字仲淹，隋絳州龍門(今山西河津)人，隋末大儒。

④ 八音，我國古代對樂器的統稱，通常爲金、石、絲、竹、匏、土、革、木八種不同質材所制。

見,而博其知,以斯而資同道,爲功豈小補哉? 王賓①,乃先生之舊友也,賞其勤而成其志,命工鏤板_{雕版},俾_{使得}好事者免繕寫之勞,推而用心,可不謂之仁乎?

　　時大定壬辰②重午_{端午}日,河間③劉允升序。

---

　　①　王賓(922—995),許州許田(今河南許昌)人,《宋史》卷二百七十六《列傳第三十五》有載。

　　②　大定壬辰,1172 年。大定,金世宗完顏雍的年號。

　　③　河間,戰國趙地,後屬秦。今河北獻縣、河間、青縣、泊頭等地。

道德真經取善集自序

物之其由者道也，道之在我者德也。道妙無形，變化不測。德顯有體，同焉皆德。自其異者，視之則有兩名。自有同者，視之其實一致。末學之人言道者，每不及德；言德者，同及於道。此道德所以分裂不見其純全猶完全也。猶龍上聖，當商末世，嘆性命之爛漫散亂，憫道德之衰微，著書九九篇，以明玄玄之妙。言不逾於五千，義實貫於三教儒釋道。內則修心養命，外則治國安民，爲群言之首，萬物之宗。大無不該完備，細無不遍周遍，其辭簡，其義豐，洋洋乎大哉！自有書籍已來，未有如斯經之妙也。後之解者甚多，得其全者至寡。各隨所見，互有得失。通性者造全神之妙道，於命或有未至；達命者得養生之要訣，於性或有未盡。殊不知性命兼全，道德一致爾。霖自幼及壯，謾誦玄言，以待有司古制官設職，各有所司，故稱之問。今已老矣，欲討深義，以修自己之真。自度耄荒年老昏瞶難測聖意，今取諸家之善，斷以一己之善，非以啟迪後學，切要便於檢閱，目稱謂之曰《取善集》，覽者幸勿誚誚責焉。

饒陽居士李霖序。

卷之一

御注①:"道者,人之所共由;德者,心之所自得。道者,亘萬世而無弊;德者,充一性而常存。老子當周之末,道降而德衰,故著書九九篇,以明道德之常,而謂之經。其辭簡,其旨遠,學者當默識而深造之。"《宋徽宗御解道德真經》卷一

道可道章第一

道可道,非常道;名可名,非常名。

嚴遵②曰:可道之道,道德彰而非自然也。今之行者,晝不操燭,爲日明也。夫日明者,不道之道常也。操燭者,

---

① 《宋徽宗御解道德真經》,底本出處:《正統道藏》洞神部玉訣類。宋徽宗趙佶(1082—1135),北宋第八位皇帝。以下凡"御注"即爲《宋徽宗御解道德真經》。

② 嚴遵(前86—前10),字君平,西漢蜀郡(今四川成都)人,原姓莊,班固作《漢書》爲避明帝劉莊諱,改莊爲嚴。著有《道德真經指歸》(谷神子注)十三卷(原卷缺1-6卷),收錄於《正統道藏》洞神部玉訣類。

可道之道彰也。夫著於竹帛，鏤於金石，可傳於人者，可道之道也。"若乃可傳而不可受，可得而不可見，自本自根，未有天地，自古以固存，神鬼神帝，生天生地者。"《莊子·大宗師》常道之道也。五千文之蘊，發揮自此數言，實謂玄之又玄，神之又神也。

王元澤①曰：名生於實，實有形數，形數既具，衰壞隨之，其可常乎？惟體此不常，乃真常也。

首遞拈出、提出道之一字，大道之道也。下言"可道"之字，言道之道也。夫大道虛寂，玄理幽深，不可言道，當以默契，故心困不通焉不能知，口辟開焉不能議，在人靈府精神之宅，所謂心也之自悟爾。雖"道"之一字，亦不可言也。若默而不言，眾人由之而不知，故聖人不得已而強名曰道。既云爲道，有言有說，代廢代興，非真常釋道用語，真實常住之意之道也。其可道者，莫非道也，而非道之常也，惟其不可道，而後可常耳。今夫仁義禮智，可道之不可常。如此惟其不可道，然後在仁爲仁，在義爲義，在禮爲禮，在智爲智，彼皆不常而道不變，故常不可道之能常，如此常道者，自然而然，隨感應應對、應答變，接物不窮，不可以言傳，不可以智索，但體冥暗合

---

① 王雱（1044—1076），字元澤，撫州臨川（今江西撫州）人，王安石之子，宋龍圖直學士左諫議大夫臨川伯。著有《南華真經新傳》二十卷、《南華真經拾遺》一卷，均收錄於《正統道藏》洞神部玉訣類；其所著《老子注》并無單本傳世，其内容主要保存在北宋太守張氏所輯《道德真經集注》中，收錄於《正統道藏》洞神部玉訣類。

造化,含光藏輝,無爲而無不爲,默通其極爾。

無名天地之始,有名萬物之母。

溫公①曰:天地,有形之大者也。其始必因於無,故名天地之始曰無。萬物以形相生,其生必因於有,故名萬物之母曰有。《道德真經論》卷一

吕吉甫②曰:無名不可名狀者道也,而天地所自而始也,故曰:"無名",天地之始。太初有無無,有無名。無無則一亦不可得,無名則一之所起。有一而未形,則所謂天地之始是也。既已謂之一,且得無名乎?此物得之以生,而謂之德也。則所謂有名,萬物之母,而萬物得一以生者是也。《道德真經傳》卷一。③

無名謂道也。道常無名,生育天地,故爲天地之始,乃道之妙微之極致也。有名謂天地也。天覆地載乘者,覆,萬物方立,故爲萬物之母,乃道之徼 jiào,歸終也。天地有形位,是有名也。萬物母者,天地含氣,生育萬物,長大成熟,如母養子。

---

① 司馬光(1019—1086),字君實,陝州夏縣(今屬山西)涑水鄉人,政治家、文學家、史學家、宋哲宗朝爲相八月,病死,封溫國公。著《道德真經論》四卷,收録於《正統道藏》洞神部玉訣類。

② 吕惠卿(1032—1111),字吉甫,泉州晉江(今福建泉州)人。以北宋資政殿學士著《道德真經傳》四卷,收録於《正統道藏》洞神部玉訣類。

③ "既已謂之一"以下至段末,與《正統道藏》本文字略異。

常無欲，以觀其妙；常有欲，以觀其徼。

蘇子由①曰：自其無名，形而爲天地，天地位而名始立矣；自其有名，播而爲萬物，萬物育而名不可勝載矣。故無名者道之體，而有名者道之用也。道之本體及其發用。聖人體道以爲天下用，入於衆有而常無，將以觀其妙也。體其至無而常有，將以觀其徼也。若夫行於其徼而不知其妙，則粗而不神矣；留於其妙而不知其徼，則精而不通矣。《道德真經注》卷一

《記》②曰："感物而動，性之欲也。"③欲者離靜之動，任耳目以視聽，勞心慮以思爲。無欲，則靜於以觀天地之始，所謂妙也，故曰："常無欲可名於小。"《道德經》三十四章妙，則精而小也。有欲，則動於以觀萬物之母，所謂徼也，故曰："萬物歸焉而不知主，可名於大矣。"《道德經》三十四章徼，則粗而大也。無欲之人，可以見道之精妙也；有欲之人，但見其道之粗徼而已。

---

① 蘇轍（1039—1112），字子由，眉州眉山（今屬四川）人，北宋文學家、詩人，嘉佑進士，官尚書右丞、門下侍郎、唐宋八大家之一。著《道德真經注》四卷，收録於《正統道藏》洞神部玉訣類。

② 《禮記》，儒家經典之一。亦稱《小戴記》或《小戴禮記》。西漢儒學家戴聖編纂。四十九篇，後訂爲十二卷。

③ 《禮記·樂記》："人生而靜，天之性也；感於物而動，性之欲也。"

此兩者同出而異名，同謂之玄，

溫公曰：玄者，非有非無，微妙之極也。《道德真經論》卷一

兩者，謂有欲無欲也。同出者，同出人心也。而異名者，其名各異也。其名異其實未嘗異，其實未嘗異，則有欲之與無欲同謂之玄也。玄之爲色黑，與赤同乎一也。天之色玄，陰與陽同乎一也。兩者同謂之玄，玄能陰能陽故也。

玄之又玄，衆妙之門。

御注：《素問》①曰：“玄生神。”②《易》曰：“神也者，妙萬物而爲言者也。”③《易·說卦》妙而小之謂玄，玄者天之色，色之所色者彰矣，而色色者未嘗顯，玄之又玄所謂色色者也。玄妙之理，萬物俱有，天之所以運_{遷徙}，地之所以處_{息定}，人之所以靈，百物之所以昌，皆妙也，而皆出於玄，故曰：“衆妙之門”。《宋徽宗御解道德真經》卷一

《易》曰：“一陰一陽之謂道。”《易·繫辭上》陰陽皆原於

---

① 《黃帝内經·素問》，簡稱《素問》，中醫經典著作。“素者，本也；問者，黃帝問於歧伯也。”歧伯乃上古醫學家。《素問》是以黃帝與上古醫學家問答的形式撰寫的綜合性醫學文獻。

② 《素問·陰陽應象大論篇》：“化生五味，道生智，玄生神，神在天爲風，在地爲木，在體爲筋，在臟爲肝。”

③ 王弼《周易正義·說卦》曰：“於此言神者，明八卦運動、變化、推移，莫有使之然者，神則無物妙萬物而爲言者。明雷疾風行，火炎水潤，莫不自然相與爲變化，故能萬物既成也。”

一,一者道所生也。玄者陰與陽同乎一也,又玄者道也。衆妙者謂萬物之妙也,萬物皆有妙理,而皆出於道,故曰:"衆妙之門"。

此章言真常之道,悟者自得,不可名言,同觀徼妙,斯可以造真常之道矣。太上①以此首章,總一經之意,明大道之本,謂玄之又玄也。

天下皆知章第二

天下皆知美之爲美,斯惡已;皆知善之爲善,斯不善已。

御注:道無異相,孰爲美惡?性本一致,孰爲善否?有美也,惡爲之對,故曰:"天下皆知美之爲美,斯惡已。"有善也,不善爲之對,故曰:"皆知善之爲善,斯不善已。"世之所美者,爲神奇。所惡者,爲臭腐。神奇復化爲臭腐,臭腐復化爲神奇,則美與惡奚猶"何"辯?昔之所是,今或非之;今之所棄,後或用之,則善與不善奚擇?聖人體真無而常有,即妙用而常無,美惡善否,蓋將簡之而弗得,尚何惡與不善之能累哉!《宋徽宗御解道德真經》卷一

王元澤曰:惡與不善,美善之隨也。當其美善之時,蓋已惡且不善矣。俟等待其隨而後悟,則亦悟之晚也。

美惡生於妄情,善否均於失性。美者人情所好也,若

---

① 太上,依《道教大辭典》,有多種解釋,在這裡爲太上老君,即老子。

知美之爲美，是心有所美也。心有所美，於心爲恙_{憂、病}，斯惡已。"若河伯①欣然自喜，以天下之美爲盡在己。"《莊子·秋水》不免望洋向若而嘆，幾是矣。善者人之可欲也，若知善之爲善，是性有所欲也。性有所欲，是離道以善，斯不善已。若伯夷②見名之可欲，餓於首陽③之下，均爲失性，幾是矣。蓋道之美者，至美_{自然}之美也。至美無美，淡乎無味，莊子曰："淡然無極，衆美從之。"《莊子·刻意》道之善者，上善是也。上善忘善，萬善皆備，又曰："去善而自善矣。"《莊子·外物》此章道通爲一，恐人著_{執著}於美善，不悟真常，故以此篇次之，與《莊子·齊物論》相似。

故有無之相生，難易之相成，長短之相形，高下之相傾，音聲之相和，前後之相隨。

御注：太易_{原始混沌之態未判分}，萬象_{一切景象}同體，兩儀_{天地或陰陽}既生，物物爲對。此六對④者，群變所交，百慮所生，殊塗所起，世之人所以陷溺而不能自出者也。無動而生有，有復歸無，故曰"有無之相生"。有涉險之難，則知行地

① 河伯，古代神話傳說中之黄河水神，又名馮夷。因渡河淹死，天帝封爲水神。《莊子集釋·秋水篇》引陸德明《釋文》曰："河伯姓馮，名夷，一名冰夷，一名馮遟……一云姓吕，名公子；馮夷是公子妻子。"

② 伯夷，墨胎氏，名允，字公信，商末孤竹君長子。

③ 首陽，山名，今山西永濟縣南，即首陽山，又名雷首山。傳爲伯夷、叔齊餓死處。

④ 六對，有無、難易、長短、高下、音聲、前後。

之易,故曰"難易之相成"。長短之相形,若尺寸是也。高
下之相傾,若山澤是也。聲舉而回應,故曰"音聲之相和"。
形動而影隨,故曰"前後之相隨"。陰陽之運,四時之行,萬
物之理,俄頃速造而有,倏化而無。其難也,若有爲以經世治
國理事;其易也,若無爲而適切合己。"性長非所斷,性短非所
續。"《莊子·駢拇》天之自高,地之自下,鼓宮而宮動,鼓角而
角應,春先而夏從,長先而少從,對待之境,雖皆道之所寓,
而去道也遠矣。《宋徽宗御解道德真經》卷一

　　溫公曰:凡事有形迹者,必不可齊。不齊則爭,爭則
亂,亂則窮,故聖人不貴。《道德真經論》卷一

是以聖人處無爲之事,行不言之教,

　　顧歡①曰:聖人因天任物,無所造。爲心常凝,靜於前。
美善處而無爭,故不爲六境色、聲、香、味、觸、法之所傾奪。

　　爲則有成虧,言則有當愆過失,曾未免乎累。是以聖人
處事,以無爲行教,以不言發號施令而事,以之濟助益,教以之
行,而吾心寂然,未始有言爲之累,天下亦因得以反常復
樸。夫唯無累,故雖寄形陰陽之間,而造化創造化育不能移,
彼六對者,烏能擾之哉?《經》曰:"不言之教,無爲之益,天

---

　　①　顧歡,字景怡,一字玄平,吳郡鹽官(今浙江海寧境内)人,南朝宋、齊
時道教學者。《正統道藏》洞神部玉訣類收録有題以"原題吳郡徵士顧歡述"
的《道德真經注疏》八卷。近人蒙文通先生在《校理成玄英疏敘録》中證其非
顧氏撰,是宗顧氏學派之徒所作。

下希及之。"《道德經》四十三章

萬物作而不辭，

御注：萬物動作，隨感而應。若鑑_{鑑謂之鏡}對形，妍_{美麗}醜畢現。若谷應聲，美惡皆赴，無所辭也。《宋徽宗御解道德真經》卷一

今計物之數不止於萬，而曰萬物者，以數之多者云也。作，謂動作也，萬物動作，聖人各盡其性，不辭謝而逆止_{聖人因順萬物，不逆物情}，以吾心空然無所去取故也。苟懷去取之慮，則物之萬態美惡多矣，烏能不辭哉！

生而不有，爲而不恃，功成不居。

《纂微》①曰：萬物自生，卓然獨化，不爲己有。群品營爲_{作爲}，各適其性，不恃_{自恃}己德。功成事遂，道洽於物，心游姑射②之山，不居萬民之上，此聖人之全德也。《道德真經藏室纂微篇》卷一

---

① 《道德真經藏室纂微篇》十卷，陳景元編撰。收録於《正統道藏》洞神部玉訣類。陳景元（1035—1094），字太初，又字太虛，號碧虛子，北宋建昌南城（今屬江西）人。著有《南華真經章句音義》十四卷、《南華真經章句餘事》一卷、《南華真經餘事雜録》二卷、《西升經集注》六卷（原闕卷一之三）、《沖虛至德真經釋文》二卷、《道德真經藏室纂微篇》十卷，均收録於《正統道藏》洞神部玉訣類；《玉清大洞真經玉訣音義》一卷、《元始無量度人上品妙經注》四卷，均收録於《正統道藏》洞真部玉訣類；另有《碧虛子親傳直指》。

② 姑射，山名，在山西省臨汾市西，即古石孔山，九孔相通。《山海經·東山經》《莊子·逍遥游》《隋書·地理志》等均有記載。

萬物自生,各極其高大。萬物自爲,各正其性命。聖
人歸功於物,不以三事_{本段文字所舉三事}爲累,故曰“功成不
居”。有我則居,居則遷_{變動、遠離}矣。帝堯_{陶唐氏之號}成功,而
自視缺然。

夫唯不居,是以不去。

蘇子由曰:聖人居於貧賤而無貧賤之憂,居於富貴而
無富貴之累,此所謂不居也。我且不居,彼尚何從去哉?
此則居之至也。《鴻烈》①曰:“楚將子發_{楚宣王之將}攻蔡,逾
_{越、}勝之。宣王郊迎,列田百頃封之執圭②。子發辭不受,
曰:‘治國立政,諸侯入賓_{賓服},此君之德也。發號施令,師_軍
_隊未合_{集結、聚合}而敵遁,此將軍之威也。兵陣戰_{《左傳莊公十一}
_{年》:“皆陳曰戰。”}而勝敵者,此庶人之力也。夫乘民之功勞,而
取其爵禄,非仁義之道也。’故弗受。③ 故曰‘功成不居,夫
惟不居,是以不去’”。_{《淮南子·道應訓》。《道德真經注》卷一}

此章欲體真常之道,忘美惡,齊善否,不爲六對之所
遷,唯聖人知其然。故處事以無爲,行教以不言,歸功於物
而不居,道常在我而不去也。

---

① 《鴻烈》即《淮南子》,西漢淮南王劉安及其門客蘇非、李尚等所著,又
名《淮南鴻烈》。

② 執圭,楚爵功臣,賜以圭,謂之執圭。比附庸之君。

③ 何寧《淮南子集釋》謂此文本《荀子·强國篇》。

不尚賢章第三

不尚賢，使民不争；

温公曰：賢之不可不尚，人皆知之，至其末流之弊，則争名而常亂。故老子矯正，正曲使直之，欲人尚其實，不尚其名。《道德真經論》卷一

賢者，出衆之稱。在上者别而尚之，崇以爵位，旌表彰以車服，故民夸夸讚企同"跂"，跂起腳後跟站立，表企盼外慕猶言他求，别有喜好殉貪、追求名而不息，能無争乎？蓋聖人未嘗不用賢也，使賢不肖各當其分，因任而已，特不崇尚耳。莊子曰："舉賢則民相軋排擠、傾軋。"《莊子·庚桑楚》

不貴難得之貨，使民不爲盜；

御注：尚賢則多知，至於天下大駭驚起、散，儒墨畢起。貴貨則多欲，至於"正晝爲盜，日中穴挖鑿、洞穿阫①péi，墙壁"《莊子·庚桑楚》。不尚賢則民各安其性命之分，而無所夸跂，故曰"不争"。不貴貨，則民各安其性命之情，而無所覬覦非分之企圖，故不爲盜。《宋徽宗御解道德真經》卷一

金玉者，難得之貨。在上者如侯王等上位者貴而寶之，取金於山，求珠於淵，則民病於無有，求貨而無厭，必至於爲

_____

① 《正統道藏》本及《中華道藏》本均爲"阫"，今從《莊子·庚桑楚》，改爲"阫"。

盜。蓋聖人未嘗棄財貨也，使民耕而食，織而衣，足衣食而已。特不貴難得者爾，故民各安其性命之情，而不爲盜。孔子曰："苟子之不欲，雖賞之不竊。"《論語·顔淵》

不見可欲，使心不亂。

御注：人之有欲，決竭、盡性命之情以爭之，而攘奪掠奪、奪取誕謾欺詐，無所不至。伯夷見名之可欲，餓於首陽之下。盜跖春秋時大盜見利之可欲，暴於東陵陵名，濟南境內之上。"其熱焦火，其寒凝冰。人心急躁，戰慄之貌。"《莊子·在宥》故其心則憒亂昏亂債驕債發驕矜，①而不可係關聯道。至於聖人者，"不就利，不違離害"《莊子·齊物論》，"不樂壽，不哀夭，不榮通，不醜恥窮"《莊子·天地》，則孰爲可欲。欲慮不萌，吾心湛然安然貌，有感斯應，止而無所礙妨害，動而無所逐追逐也，孰能亂之。《宋徽宗御解道德真經》卷一

君子之所欲者賢也，小人之所欲者貨也。既無尚賢之迹，不求難得之貨，是無可見之欲，則民心不惑亂也。傅奕②《音義》《老子音義》曰："古本作'使民心不亂'。"

---

① 郭象《莊子·在宥》注曰："債驕者，不可禁之勢也。"

② 傅奕（554—639），隋末道士，相州鄴人（今河南省安陽市）人，《舊唐書·傅奕傳》有記載。精於天文歷數，主要著作有《老子注》《老子音義》，并輯魏晉以來反佛人物言論，成《高識傳》十卷。

是以聖人之治，

河上公①曰：聖人治國，與治身同也。《道德真經注》卷一

虛其心，實其腹；

曹道沖②曰：心虛白③則神④留而道存，腹充實則精元精，生命之根本全而壽長。心有所擇，虛其心則無賢之可尚，腹有所容，實其腹則無欲之可貪。

弱其志，强其骨。

御注：志强則或殉名而不息，或逐貨而無厭，或伐其

---

①　河上公，西漢道家學者。姓名不詳，在河濱結草爲廬，因號"河上丈人"。精研黃老業，以《老子》教授。《隋書·經籍志》著録曾注《老子道德經》二卷。《正統道藏》洞神部玉訣類收録題有"河上公注"的《道德真經注》四卷。

②　曹道沖（1039—1115），字沖之，世號曹仙姑，全趙寧晉（今河北寧晉縣）人，北宋著名女冠。明代李濂《汴京遺迹志》所載《希元觀妙先生祠堂記》，曹道沖曾爲《老子》《莊子》《黃庭經》《西升經》《清静經》等經典作注，其中《莊子注》《黃庭經注》《清静經注》歷代書目未見著録，今已無考。其《西升經注》，鄭樵《通志·藝文略》著録爲二卷，但其注已佚，不可考。其《老子注》，鄭樵《通志·藝文略》、高似孫《子略》、焦竑《國史經籍志》均著録爲二卷，原書已佚。金李霖《道德真經取善集》、南宋彭耜《道德真經集注》、南宋董思靖《道德真經集解》有徵引。——本注釋均引自尹志華《北宋女冠曹道沖（曹仙姑）的生平、著作考》一文。

③　虛白，《莊子·人間世》："虛室生白，吉祥止止。"謂心中純净無欲。

④　《脉望》："從虛無生靈，是曰神。"神爲智慧、靈敏。

功,或矜其能,去道益遠。聖人之志,每自下也,而人高之。
每自後也,而人先之。"知其雄,守其雌,知其榮,守其辱"
《道德經》二十八章,是之謂弱其志。不壞之相,若廣成子①千二
百歲而形未嘗衰,是之謂強其骨。《宋徽宗御解道德真經》卷一

劉仲平②曰:虛心弱志,所以養神。腹實骨強,所以嗇愛
惜,保養精。

志者心之所之,守道則志弱;骨者髓之府,髓滿則骨
強。一說虛心則實腹,弱志則骨強;一說虛心則弱志,腹實
則骨強。

常使民無知無欲,

御注:莊子曰:"同乎無知,其德不離;同乎無欲,是謂
素樸。素樸而民性得矣。"《莊子·馬蹄》聖人之治,務使民得
其性而已。多知以殘性命之分,多欲以汩擾亂性命之情,名
曰治之,亂孰甚焉,故常使民無知無欲。《宋徽宗御解道德真經》
卷一

王元澤曰:知則妄見,欲則外求,二者既除,性情定矣。
自不尚賢,虛心弱志而化之,使民無爭尚之知。自不貴貨,

---

① 廣成子,中國古代神話中的仙人,後爲道教所尊奉,相傳爲軒轅時人,
隱居崆峒山石室中,黄帝曾往問修身至道之要,見《莊子·在宥》。另傳是黄
帝時老君化名,《太上老君開天經》:"黄帝之時,老君下爲師,號廣成子。"

② 劉仲平,生平不詳。熊鐵基等著《中國老學史》中把劉仲平列爲王
雱、吕惠卿、陸佃等同時代人。著《老子注》已佚,李霖《道德真經取善集》等有
徵引。

實腹強骨而化之,使民無貪求之欲。

使夫知者不敢爲也。

呂吉甫曰:智者知賢非上之所尚,而貨非上之所貴,而爲之非所利也,故不敢爲也。《道德真經傳》卷一

爲無爲,則無不治矣。

舒王①曰:有爲無所爲,無爲無不爲,聖人爲無爲,則無不治矣。②

此章言聖人體道無爲而治也。不尚賢,不貴貨,虛心實腹,弱志強骨,是聖人體道治身而無爲也。使民不爭而同乎無知,使民不盜而同乎無欲,則無不治也。《經》曰:"道常無爲而無不爲,侯王若能守,萬物將自化自然化育。"《道德經》三十七章無爲而治者,虞③舜之所以爲

---

① 王安石(1021—1086),字介甫,號半山,臨川(今江西撫州市臨川區)人,北宋著名思想家、政治家、文學家、改革家。《宋史·列傳第八十六》:"崇寧三年,又配食文宣王廟,列於顏、孟之次,追封舒王。"舒王即王安石。著《老子注》二卷,《群齋讀書志》《文獻通考》《國史經籍志》均有著録。原書已佚,部分内容散見於金李霖《道德真經取善集》、南宋彭耜《道德真經集注》、元劉惟永《道德真經集義》等書中。今人蒙文通、嚴靈峰、容肇祖均有輯本。

② 舒王言有爲是因順自然而爲,隨順萬物之自性,則有爲無爲之意自現。

③ 虞,遠古時代名。即有虞氏。君主是舜,受禪繼堯位,都於蒲阪(今山西永濟附近)。

帝。垂拱_{垂衣拱手}，謂無爲而治者，周_{朝代名}。武王滅商，建周武^①之所以爲王。故曰："帝王無爲而天下功。"《莊子·天道》三篇統論，首篇言道可道，夫可道之道，非真常之道也。真常之道，離言説，超形名，悟者自得。能悟之者，忘美惡，齊善否，故以天下皆知次之。既不爲二境_{指美惡等相對之物}回換_{變換}，則是非美惡不藏於胸中，故以不尚賢次之。不尚賢，不貴貨，則方寸之地_{指心}虛矣。虛則腹實，此精神内守道德之極致也。學者精此三篇，則經之妙旨，斯過半矣。

道沖章第四

道沖而用之或似不盈，

御注："道有情_{真實}有信_{信驗}"《莊子·大宗師》，故有用。"無爲無形"《莊子·大宗師》，故不盈_{不窮竭}。《宋徽宗御解道德真經》卷一

沖者，中也。道之用，抑高舉下，損有餘補不足，無適而不得其中也。道之體，虛而不盈，充塞而無外，贍足_{安定而備足}萬物而未嘗有，故曰"或似不盈"。

淵兮似萬物之宗。

温公曰：深不可測，常爲物主。《道德真經論》卷一

---

① 武，周武王姬發（約前1087—前1043），姓姬，名發，謚武。

淵，"反流全一"。①《大佛頂首楞嚴經》卷八《説文》漢許慎著
《説文解字》曰："回水也。"水回則深静，回而爲淵，則止而不
流，所以爲一者全矣。兮者，詠言詩歌之助。莊子曰："止水
之審爲淵。"《莊子·應帝王》淵深而静，不與物雜，道之體也。
惟深也，物莫能測；惟静也，物莫能動。道體淵兮深静，似
爲萬物之宗祖。然道本無係物自宗道，故似之而已。其或
言似者，言之不敢正也。人本足於此道，欲體之者，不可他
求，當挫鋭鋒芒解紛爭端，和光同塵，則當自存矣。

挫其鋭，解其紛，和其光，同其塵。

温公曰：鋒角猛露，道所惡也。事爲煩亂，道所鄙也。
輝華顯赫，道敗也。污辱卑下，道所貴也。《道德真經論》卷一

心出而入物爲鋭，挫其鋭而勿行；物至而交心爲紛，解
其紛而不亂。挫鋭解紛，則性情定，而自然充實光輝矣。
既有光輝，則要不異於物，與之和同而不顯，所謂光而不耀
也。内不失真，外不殊俗，同塵而不染，所謂與物委蛇隨順之
貌，而同其波也。

---

① 《大佛頂首楞嚴經》卷八曰："因不流逸，旋元自歸，塵既不緣，根無所
偶，反流全一，六用不行。"即："因心不飄流放逸，自然即歸根返本，既然不攀
緣六塵，六根即不會生其對境，塵境不起，從流轉不息中返逆六根歸於圓通，從
而六根分别妄用即不生起。"另《説文》曰："水回則深静，回而爲淵，則止而不
流，所以爲一者全矣。"

湛兮似或存，

郭象[1]曰：存，在也。道湛然安静，古今不變，終始常一，故曰“存”，存而無物，故曰“似”也。

人能如上四事挫其鋭、解其紛、和其光、同其塵，則湛然常寂而存矣。存而定有之，則非道也。似或者不可定有之謂。

吾不知其誰之子，

王元澤曰：即今所稱道之中體，蓋有所出矣。雖有所出而廓然無象，故曰“不知誰之子”。

言我不知道之所從生，誰得而子之。

象帝之先。

御注：象者，物之始見。帝者，神之應物。物生而後有象，帝出而後妙物。象帝者，群物之始而道實先之。莊子所謂“神鬼神帝，生天生地”《莊子‧大宗師》是也。《宋徽宗御解道德真經》卷一

象有形之兆，帝有物之尊。象帝至矣，而道更在其先。

———————————

① 郭象（252—312），字子玄，河南（洛陽市東）人，西晉道家。官至黄門侍郎、太傅主簿。好老莊，善清談。主張“獨化於玄冥之境”，認爲“名教”即“自然”。其著作除《莊子注》外，均佚，殘文散見於皇侃《論語義疏》及《道藏》中。其《南華真經注疏》（郭象注，成玄英疏）三十五卷，收録於《正統道藏》洞神部玉訣類。

此章言道以中爲用，其體虛而不盈，爲萬有之主，居象帝之先。

天地章第五

天地不仁，以萬物爲芻狗；聖人不仁，以百姓爲芻狗。

御注：恩生於害，害生於恩，以仁爲恩，害則隨至。天地之於萬物，聖人之於百姓，輔其自然，無愛利之心焉，仁無得而名之。束芻①爲狗，祭祀所用，適則用之，過則棄之。彼萬物之自生，百姓之自治，曾何容心猶言留心、在意焉？《宋徽宗御解道德真經》卷一

愛人利物之謂仁。不仁者，謂無情於仁愛，非薄惡之謂也。天地生化萬物，任其自然，無愛利之心焉，如芻狗當祭祀之用也。盛以篋 qiè 衍竹制小箱，巾以文繡華服，尸祝②齋戒，然後用之。及祭之後，行者踐其首脊，樵者焚其支體，彼物用棄，非有憎愛，時適然也。且天地之於萬物，聖人之於百姓，亦然。故天地無恩而大恩生，聖人不仁而大仁成。

---

① 芻，《説文》：“芻，刈草也。象包束草之形。”

② 成玄英《莊子·逍遙游》疏曰：“尸者，太廟之神主也；祝者，則今太常太祝是也；執祭版對尸而祝之，故謂之尸祝也。”

天地之間,其猶橐籥乎?

唐明皇①曰:橐 tuó 者,鞴 bài,古之皮制鼓風囊,即風箱也。籥 y è,古時鼓風箱之内件者,笛也。橐之鼓風,籥之運吹,皆以虛而無心,故能動而有應。《唐玄宗御注道德真經》卷一

王元澤曰:橐籥虛以應物,物感則應,應而不藏。天地之於萬物,聖人之於百姓,應其適然,而不係累於當時,不留情於既往,故比橐籥之無窮也。

道無方體,以沖和之氣陰陽之合氣鼓動於覆載天地之間,而生養萬物。如橐以氣化形,籥以氣出聲,氣虛而待物,凡有形有聲者,皆自此出,故比於橐籥也。以喻天地聖人,亦以虛而無心故也。

虛而不屈,動而愈出。

王弼②曰:橐籥之中空洞,無情無爲,故虛而不能窮屈,

---

① 唐明皇(685—762),即唐玄宗李隆基,睿宗第三子。《正統道藏》共收錄以李隆基爲名四部著作:《唐玄宗御注道德真經》四卷、《唐玄宗御制道德真經疏》十卷(六、七、八卷原缺)、《唐玄宗御制道德真經疏》四卷(外傳)(原題李隆基制)收錄於洞神部玉訣類;《龍角山記》一卷(李隆基,韓望等撰)收錄於洞神部紀傳類。

② 王弼(226—249),字輔嗣,魏國山陽(今河南焦作)人,三國魏玄學家。開正始之玄風,主"無"爲萬有之本,名教出於自然。著有《周易注》《周易略例》《老子注》《老子指略》,其《道德真經注》四卷,收錄於《正統道藏》洞神部玉訣類,《老子微旨例略》一卷,收錄於《正統道藏》正一部。

動而不可竭盡也。《道德真經注》卷一

王元澤曰:虛其體也,動其用也。

多言數窮,不如守中。

御注:慎汝內,閉汝外,收視反聽,復以見天地之心,此之謂守中_{持守中虛}。《宋徽宗御解道德真經》卷一

王弼曰:若不法天地之虛静,同槖籥之無心,動不從感①,言不會_{恰好}機_{關鍵},動與事乖,故曰"數窮"。不如內懷道德,抱一_{專精固守不失其道}不移,故曰"守中"。②

此章戒人多言,不如守內。始言天地不仁,中以槖籥爲況_{比擬},終之以多言數窮者,欲人之出言,法天地之無心,如槖籥之虛中,因感而應,則無多言之失。與其言多而致禍,不如默默而守中。

谷神章第六

谷神不死,

御注:有形_{徽宗本爲"神"}則有盛衰,有數則有成敗,形數具而生死分,物之理也。谷_{虛空}應群動而常虛,神妙萬物而常寂,真常_{常應常静之真性}之中,與道爲一,不麗_{附著}於形,不墮

---

① 感,感應。《易·咸·象》:"天地感而萬物化生。"

② 按樓宇烈先生考證,本段注文因不見於王弼注本,故疑非王弼注文。

於數,生生而不窮。如日月焉,終古不息;"如維鬥①焉,終古不忒_{差錯}。"《莊子·大宗師》故云不死。《宋徽宗御解道德真經》卷一

河上公曰:谷,養也。人能養神則不死。神謂五臟之神,肝藏魂,肺藏魄,心藏神,腎藏精,脾藏志。五臟盡傷,五神去矣。《道德真經注》卷一

溫公曰:中虛,故曰"谷"。不測,故曰"神"。天地有窮而道無窮,故曰"不死"。《道德真經論》卷一

王元澤曰:谷應而不窮,神化而不測,萬物受命於我,而我未嘗生未嘗死者,谷神也。言神則極矣,而加谷者,且言能虛能盈,而又能容以應也。以其活而不敝,故但稱不死。

是謂玄牝,

御注:萬物受命於無,而成形於有谷之用。無相通"象",神之體,無方_{無定式},萬物所受命也。玄者天之色,牝者地之類,萬物所成形也,故神以況至道之常,玄牝以明造物之妙。《宋徽宗御解道德真經》卷一

王元澤曰:谷神受命而玄牝賦形,自爲陰陽,以成天地,然本一物也。由其受命,故曰"谷神";由其賦形,故曰"玄牝"。

曹道沖曰:玄者杳冥而藏神,牝者沖和而藏氣,此陰陽之宗,天地之祖也。

① 維鬥,北斗也,爲衆星綱維,故謂之維鬥。

谷,養也。谷虛而應,應而不著。谷虛而受,受而不積。言養神在於虛而已,是謂不死之道,在於玄牝也。

玄牝之門,是謂天地根。

御注:莊子曰:"萬物有乎生而莫見其根始源,有乎出而莫見其門門徑。"《莊子·則陽》而見之者,必聖人已。故於此明言玄牝之門,是謂天地根萬物之始源。天地者,萬物之上下也。物與天地,本無先後,明大道之序大道生物之次序,則有天地,然後有萬物。然天地之所從出者,玄牝是已。彼先天地生者,孰得而見之?《宋徽宗御解道德真經》卷一

河上公曰:根,元始也也。言鼻口之門,乃是通天地之元,氣所從往來也。《道德真經注》卷一

《纂微》曰:上言谷神不死,勸人養神韜養元神之理。此曰玄牝之門者,示人煉形修煉自身形體之術也。故神形俱妙者,方與道同也。《道德真經藏室纂微篇》卷一

曹道沖曰:玄者天之體,牝者地之氣。玄天之資始有生是爲精光,牝母育萬物是爲形器。天地雖大,亦本於道德,體於陰陽,故曰"天地根"也。

綿綿若存,

河上公曰:鼻口呼吸喘息,常綿綿微而不絶微妙。若可存之,復若無有。《道德真經注》卷一

王元澤曰:綿綿,引而不絶之謂。神牝生生不盡,而若有若無,不可定有。

用之不勤。

御注:"自本自根,自古以固存。"《莊子·大宗師》"火之傳,不知其盡也。"《莊子·養生主》①夫是之謂綿綿若存。茫然無所知天造,任一氣之自運運行。倏極快爾地化,委眾形萬物之自殖生長。"乾以易知,坤以簡能。"《易·繫辭上》非力致也,何勤勞之有?《宋徽宗御解道德真經》卷一

河上公曰:用氣當寬舒,不當急疾勤勞也。《道德真經注》卷一

蘇子由曰:綿綿,微而不絕也。若存,存而不可見也。能如是,雖終日用之而不勞矣。《道德真經注》卷一

心定息微,任自然而無使氣之強,何勤之有。

此章之意主虛心養神,則不死在於玄牝。玄牝者,乃天地之宗、陰陽之祖,藏神蘊氣,而萬物恃之以生成者也。生成之理,綿綿而來,不絕不盡,用之不勞,有得有成。諸家皆以外說,唯河上公、《纂微》內說之。以理持之,有内必有外,二義俱通,并皆錄之。

天長地久章第七

天長地久。

蘇子由曰:天地雖大,未離於形數,則其長久,蓋有量

---

① 此莊子薪火之喻,謂形神關係。

矣。《道德真經注》卷一

張君相①曰：乾乾以象天剛廣覆天之德：剛健、廣闊被覆，歷古今不傾。坤坤以象地柔厚載地之德：柔順、厚德載物，經終始彌愈加固。

太上之言，長久極於天地，蓋以人所見者言之耳。若夫長久之至，則所謂天地始者是矣。

天地所以能長且久者，以其不自生，故能長生。

王元澤曰："自生營己之生則有其生，有其生則生既喪矣。唯無以生爲生生之厚也，則生未嘗生。未嘗生，則所寓之形雖生而無生之累，宜其長且久也。天地之不自生非利乎，長久而然，道固如此而已。"

張君相曰：萬物皆自營其生，唯天地但知生育萬物，不自營生。施生不自生，是故得長久。

是以聖人後其身而身先，外其身而身存。

御注：人皆取先，己獨取後，曰受天下之垢，是謂後其身先人而後己。後其身則不與物爭，而天下莫能與之爭，故曰"後其身而身先天下敬其先以爲長"。"在塗道路不爭險易之利，

————————

① 　張君相，唐蜀郡（今成都）岷山道士。《文獻通考》謂爲天寶（742—755）以後人。嘗集河上公、嚴遵、王弼、何晏、郭象、陶弘景、成玄英等二十九家《老子》注，又自爲一家，合稱三十家注。以"絕學無憂"一句附"絕聖棄智"章末，以"爲之與阿"別爲一章，與諸本不同。書久佚，宋代一些《老子》集注本曾用其資料。

冬夏不争陰陽之和。"《禮記·儒行》外死生置死生於外,遺禍福,而神未嘗有所困也,是謂外其身置其身於外而身存。《宋徽宗御解道德真經》卷一

馬巨濟①曰:聖人與天地同,則後身外身,猶之不自生。自先身存,猶之長生也。後身謂屈己也,外身謂忘我也。屈己則人下之,故身先;忘我則外身,故身存。

非以其無私耶? 故能成其私。

御注:"天地之大德曰生②,聖人之大寶曰位③。"《易·繫辭下》道者,為之公。天地體道故無私,無私故長久。聖人體道故無私,無私故常存。自營為私,未有能成其私者也。《宋徽宗御解道德真經》卷一

呂吉甫曰:身者,吾之私也。後其身,外其身,則公而無私。無私也,故能成其私。《道德真經傳》卷一

馬巨濟曰:天地不自生,與聖人之後外其身,皆無私也。然天地以此長生,而聖人以此長存,則皆成其私者也。然不私之為私大矣。莊子曰:"無私焉,乃私也。"《莊子·天道》

---

① 馬涓,生卒年不詳,字巨濟,四川保寧(今四川南部)人。宋哲宗元祐六年(1091年)辛未科狀元。其著作散見於焦竑《老子翼》、李霖《道德真經取善集》等。

② 王弼注曰:"施生而不為,故能常生,故曰大德。"

③ 王弼注曰:"夫無用則無所寶,有用則有所寶也。無用而常足者,莫妙乎道,有用而弘道者,莫大乎位。"

　　此章言道者爲之公。天地體道故無私，無私故長久。
聖人體道故無私，無私故長存。自營爲私，未有能成其私
者也。學者體道之公，不私一己，亦得其長久也。

卷之二

上善若水章第八

上善若水。

蘇子由曰：天一生水①，蓋道運而爲善，猶氣運而生水也，故曰“上善若水”。《道德真經注》卷一

水蘊三能②之近道，七善③之利物。上善之人如之何以

①　在洛書圖式裏，東西南北中五方與金木水火土五行及一至九的數字是有對應關係的。水與北方以及一相對應，講“上善若水”很自然就要追溯到北方的水位。北在洛書裏居於下方，非常謙卑，而水是低下的，也非常謙卑，然所有生命都需要水，這就是“上善若水”。北方這個一因爲是化生萬物的基礎，所以又稱作“太一”，因爲一是天數，所以也稱作“天一”。

②　三能，朱元育《悟真篇闡幽》注曰：“身中三寶匯聚三田，而應上天三臺之象。三臺也稱三能，屬太微垣，實共六星。”《晉書·天文志》：“三臺六星，兩兩而居。西近文昌兩星曰上臺，次兩星曰中臺，東兩星曰下臺。”此處“三能”依陳景元謂：善利；不争；趨下。

③　七善，居善地、心善淵、與善仁、言善信、政善治、事善能、動善時。

上善者,道之所謂善也,非天下皆知善之爲善也。善者道
之繼,水爲五行首,離道未遠,其性最近道,蓋離道則善名
立矣。上善若水,物理自然。

水善利萬物又不爭,處衆人之所惡,故幾於道。

《纂微》曰:此三能之近道也。水性滋潤,利澤萬物,故
曰"善利",此一能也。方圓任器,甕障、隔決行流隨人,故曰
"不爭",此二能也。衆人惡卑,水性趨下,此三能也。夫水
利物則其仁廣大,不爭則其德謙光,處惡則其量忍垢,舉水
性之三能,唯至人之一貫,德行如斯,去道不遠,故曰"近
爾"。《道德真經藏室纂微篇》卷二

居善地,

馬巨濟曰:善以處下爲居,水以就下爲地,在善得水之
地,故曰"居善地"。

水之所居,善爲地利。善人所居,化及鄉黨①。

心善淵,

御注:測之而益深,窮之而益遠。《宋徽宗御解道德真經》卷一

馬巨濟曰:善以安靜爲心,水以深靜爲淵,在善則得水
之淵,故曰"心善淵"。

曹道沖曰:淵者水之止。雖有風波,莫能動其深靜。
至人之心,亦猶此也。

---

① 鄉黨,周制,一萬二千五百家爲鄉,五百家爲黨。後泛指鄉里。

王元澤曰:深静而平,内明外晦。

用心深静,反流全一。

與善仁,

御注:兼愛無私,施與、惠而無擇。《宋徽宗御解道德真經》卷一

蘇子由曰:利澤萬物,施而不求,其報善仁也。《道德真經注》卷一

馬巨濟曰:善以濟物爲與,水以利物爲仁,在善則得水之仁,故曰"與善仁"。

水之所與,無有不潤利萬物,以生成者也。上善之人,亦如水之所與,博施於民,惠及群生,利益有情①,不求其報,故曰"與善仁"。

言善信,

御注:避礙而通諸海,行險而不失其信。②《宋徽宗御解道德真經》卷一

陸佃③曰:履千險而不失其信,遇萬折而不失其東,是謂言善信。

---

① 有情,佛教語,意爲衆生,指人和一切有情識之動物。

② 《坎·彖辭》:"水流而不盈,行險而不失其信。"

③ 陸佃(1042—1102),字農師,號陶山,越州山陰(今浙江紹興)人,陸游祖父。佃精於禮家名數之説,著有《陶山集》十四卷、《埤雅》、《禮象》、《春秋後傳》、《鶡冠子注》等,共二百四十二卷。其《鶡冠子注》三卷,收録於《正統道藏》太清部。

政善治，

御注：污者潔之，險者夷_平、易之，順物之理，無容心焉，故無不治。《宋徽宗御解道德真經》卷一

唐明皇曰：從政善治，亦如水之洗滌穢《唐玄宗御注道德真經》作"群"物，令其清净。《唐玄宗御注道德真經》卷一

王弼曰：爲政之善，無穢無偏，如水之治，至清至平。①

劉仲平曰：然水之爲物，未嘗有言政也，而曰言善信，政善治。何也？方此因論善人若水，故以言政及於善人也。

事善能，

御注：因地而爲曲直，隨器而爲方圓，趣_疾、促變無常而常可以爲平，無能者若是乎？《宋徽宗御解道德真經》卷一

蘇子由曰：遇物賦形而不留於一_{不變}，善能也。水之所事，趣變無常，唯變所適，方圓隨器，而不逆物，故事無不能也。上善之人，亦如水之因_{依憑}人任_當，聽憑物，隨順世間而無逆物之心，故曰"事善能"。《道德真經注》卷一

動善時。

御注：陽釋之而泮 pàn，_{冰化開}，陰凝之而冰，"決諸東方則東流，決諸西方則西流"《孟子·告子上》，"動而不括_{阻滯、閉塞}"《易·繫辭下》，宜在隨時而已。《宋徽宗御解道德真經》卷一

《纂微》曰：至人所居，善執謙下，順物自然，化及鄉黨，

---

① 依樓宇烈考此句不知何本。

如水在地，善就卑下，滋潤群物，故曰“居善地”，此一善也。至人之心，善保虛静，洞鑒幽微，湛然通徹，如水淵澄水清定貌，波流九變復雜多變，不失明時闡明天時之變化[1]，故曰“心善淵”，此二善也。至人施與，善行仁慈，惠及天下，不懷親愛，如水膏潤雨露滋潤草木，喻與人恩惠，善能升降，無不霑 zhān，同“沾”濟，故曰“與善仁”，此三善也。至人之言，善守誠信，不與物期段(段玉裁)注：邀約之意，自然符契，如水影形影物，妍醜無差，流滿輒移，行險不失，故曰“言善信”，此四善也。至人從政，善治於民，“正容自正容儀悟曉悟物無道之物”《莊子·田子方》：“正容以悟之。”，物自順從，如水清平，善定高下，滌蕩群物，使無塵穢，故曰“政善治”，此五善也。至人臨事，善能任物，隨器授與職職務，不失其材，如水柔性，善事方圓，能隨形器，無用不成，故曰“事善能”，此六善也。至人動静，善觀其時，出處應機，能全其道，如水之動，善隨一變，冬凝夏液，不差其節，故曰“動善時”，此七善也。《道德真經藏室纂微篇》卷二

慮善以動，動惟厥其時，亦如水之春泮冬凝矣。

夫惟不争，故無尤。

蘇子由曰：有善而不免於人非者，以其争也。水唯不争，故兼七善而無尤怨咎。《道德真經注》卷一

---

① 《易·革》：“君子以治曆明時。”

此章言水之爲物，利益群品，柔弱不争，常處卑下，故兼三能總七善而無尤，非上善之人其孰能似之。

持而盈之章第九

持而盈之，不如其已。

吕吉甫曰：力持而滿之，未必富者也。持所以防溢，而盈之則重溢也。如欲勿溢，則如勿盈。《道德真經傳》卷一。[①]

持，執持也。盈，滿也。已，止也。執持所以防溢，而又盈之，勢必傾危，故不如早止[②]。

揣而鋭之，不可長保。

温公曰：揣量，揣度知物情，鋭勇往直前之氣勢求進入，必將失之。《道德真經論》卷一

吕吉甫曰：情度而入之，求必貴者也。揣所以慮失而鋭之，則重失也。如欲勿失，則如勿鋭。《道德真經傳》卷一

揣者巧於度情，鋭者利於入物。揣度鋭利，進取榮名，雖得之，必失之，故不可長保。

金玉滿堂，莫之能守。

舒王曰：堂者虚而受物者也，金玉滿之則是盈矣，故不

---

① 《道德真經傳》無“力持而滿之，未必富者也”句。

② 《道藏》本作“上”字，文意不通，應作“止”，同下文“夫持滿不如早止”。

能守。

馬巨濟曰:堂奧①足以藏金玉而守之者也。其害在滿,苟非天殃災難,必有人禍。

此明盈難久持也。滿而不溢,所以長守富也。持而盈之,則金玉滿堂,莫之能守矣。

富貴而驕,自遺其咎。

御注:金玉富貴,非性命之理也,外物之不可恃而有者也。寶金玉以金玉爲寶者累於物,累於物能勿失乎? 故莫之能守。富貴而驕自滿,則害於德。害於德者能免於患乎? 故自遺捨棄其咎。聖人"不拘一世之利以爲己私分,不以王天下以仁義取天下爲己以己大處顯榮顯"《莊子·天地》。夫豈金玉以爲寶,富貴之足累乎? "故至富,國財傾國資財并棄、除焉;至貴,國爵一國之爵位并焉。"②其貴無敵匹、當,其富無倫匹敵,而道不渝變易。《宋徽宗御解道德真經》卷一

河上公曰:富當賑救濟貧,貴當憐賤,而反自驕恣放縱,必被禍患也。《道德真經注》卷一

舒王曰:富貴不期驕而驕自至,所以遺咎患也。

此明鋭不可揣也。高而不危,所以長守貴也。揣而鋭之,則富貴驕生,以咎自與。

---

① 堂奧,室之西南角。堂奧指屋之角落深處。

② 《莊子·天運》原文爲:"至貴,國爵并焉;至富,國財并焉。"

功成名遂身退，天之道。

蘇子由曰：日中則移，月滿則虧，四時之運，功成者去，天地尚然，而況於人乎。《道德真經注》卷一

利人曰功，聞譽施身曰名。功譬富貴之實也，名譬富貴之華也。功及於人而成就，名施於身而稱遂完成。退身避位，永無禍患，是乃天之常道也。

此章戒富不可滿，貴不可貪。夫持滿不如早止，揣銳勢又挫衂 nǜ，挫折、失敗。金玉滿而難守，富貴驕而遺咎，功成而不處，名遂而不尸居其位而無所事，知損爲益，乃符天道。

載營魄章第十

載營魄，

王元澤曰：魄①，陰物形之主也。神之爲物，廣大通達，而不自了者，神常載於魄，故神反拘於形體，此廣者所以狹，通者所以滯也。欲學此道者，當先廓張小使大謂之廓其志氣，勿累於形體，使神常載魄而不載於魄，則可以抱一守真不二。② 而體神矣。

馬巨濟曰：人之生諸陽爲魂，諸陰爲魄，藏於肝肺之間《內觀經》云"魂在肝，魄在肺"，精與神相依以生，而并精出入者魄

---

① 石和陽《黃庭經》注："魄爲一身陰神之首領，魂爲一身陽神之首領。"
② 高亨謂："一謂身也。身包含魂和魄。"

也,隨神往來者魂也。

此篇言載營魄,營即魂是也。

《内觀經》①曰:"動以營身謂之魂。"《太上老君内觀經》魂主經營動作,爲一身之運,爲魂則并精出入,主化成變而已。今百骸九竅,具吾形者魄之屬也。使非魂以營之,則與行尸何以異乎? 魄不可以無魂,猶月不可以無日。魄待魂而成營,月待日而生光,此言魂之用而曰營,言魄之體而曰魄也。載謂以形載也。

舊説皆謂營爲魂,唯元澤、御解説營爲止也。一説載者,形載魂魄也;一説神載魄也。

抱一能無離乎?

舒王曰:一者精②也。魂魄既具則精生,精生則神從之。

王元澤曰:一者精之數,而不言精,而言一者守一,則精不搖矣。

馬巨濟曰:營魄者異事職司不同在於抱一而已。道生一,一生水天一生水,水生精中醫理論謂腎主水生精,精者一之物

---

① 《内觀經》全稱《太上老君内觀經》,撰人不詳,約出於隋唐之際。唐張萬福《傳授三洞經戒法籙略説》已引此經。一卷,收録於《正統道藏》洞神部本文類。

② 精,於内丹學概念中,謂形體中之精華。

也。① 抱一則與精合,脫一則與精離矣。精至而氣全,氣全而神全,神全所以制魂魄爲上士矣。② 精者,天地萬物所由以生成也。

營,止也。魄,陰也。形之主麗於形而有所止,故言營魄載者,以神載魄也。若無神以載之,則滯於幽陰陰魄,形散神離,下與萬物俱化。神常載魄而不載於魄,則煉陽神消陰魄身化爲仙也。其事在乎抱一而不離一者精也。抱一則精與神合而不離,則以精集神,以神使形,以形存神,三者混而爲一,則道全。欲學此道者,當存精爲本。莊子曰:"不離於精謂之神人。"《莊子·天下》此教人養精也。

專氣致柔,能如嬰兒乎?

《纂微》曰:言人欲學《道德真經藏室纂微篇》原無"學"字專tuán,搏氣集氣致柔保持人始生之柔弱狀態之術,當如嬰兒純和純正平和乎? 若能如嬰兒之純和,即是得專氣致柔之術也。《道德真經藏室纂微篇》卷二

精全則神王,神王則能帥氣,神專其氣而喜怒哀樂不爲神之所使,以致柔和也。專者有而擅其權之謂,柔者和而不暴暴露之謂。氣致柔和,當如嬰兒之心也。欲慮不萌萌生,意專志一,終日號出聲而嗌yì,咽喉不嗄聲破,和之至。此教人養氣也。

---

① 此句融攝了河圖洛書理論、中醫理論及道教養生理論。

② 元神、元氣、元精合則爲一,分則爲三,爲道教三一説。

滌除玄覽,能無疵乎?

馬巨濟曰:此章以全精全氣全神爲學道之根,故無離以言養精,如嬰兒以言養氣,無疵以言養神也。

玄覽者,心也。滌者,洗心也。除者,刳 kū,洗除、消除心也。洗之而無不静,刳之而無不虚,心之虚静,無一疵之可睹。莊子曰:"純粹而不雜,静一而不變。"《莊子·刻意》此教人養神也。

愛民治國,能無爲乎?

河上公曰:治身者愛氣則身全,治國者愛民則國安。治身者呼吸精氣無令耳聞,治國者布 布施德 施惠無令下知。
《道德真經注》卷一

此申抱一之義也。《內丹經》①云:"聖人以身爲國,以心爲君。"《太上老君内丹經》以精氣爲民,民安國霸過人。精者身之本,愛嗇精氣則身治也。愛精之道,抱一爲本,乃自然之道,夫何爲哉?故曰:"能無爲乎?"今煉精②之士,

---

① 《内丹經》全稱《太上老君内丹經》,撰人不詳。從内容文字看,似出於唐宋間。一卷,收録於《正統道藏》洞神部本文類。此經以《陰符經》爲本,敍述内丹修煉之道。謂長生之術有三:"上有神仙抱一,中有富國安民,下有强兵戰勝。"所述丹法爲以神運精,氣結爲丹,河車運轉,鼎爐烹煉。又謂修道先須修心,修心之要在洗心易行,清静六根。

② 煉精,内丹修煉術語,即保精使之不散逸。

或以雜術①爲務，以般通"搬"運②爲功，多有作爲，故又戒以無爲。莊子曰："唯無爲幾存。"③《莊子·至樂》諸解皆説外，唯河上公内外兩説治國與治身之。以上文考之，就身説者於經以順。

天門開闔，能爲雌乎？

王元澤曰：至人無心於作精神，出入皆應而不唱倡導。

此申專氣之義也。恐煉氣④之士有使氣之强，故又戒以守雌，雌者致柔也。

明白四達，能無知乎？

御注：聰明聖智，守之以愚。《宋徽宗御解道德真經》卷一

此申無疵之義也。煉神⑤之士，純素純粹而不雜而不雜，通徹通曉明白而無礙，當不用知見守之以愚，故又戒之以無知也。

生之、畜之，生而不有，爲而不恃，長而不宰，是謂玄德。

御注：聖人存神知化，與道同體，則配神明育萬物，

---

　　①　非正道修煉之術，結合下文應指房中術類。

　　②　按摩導引術，令精氣上升至大腦，故曰"搬運"。

　　③　成玄英《莊子·秋水》疏曰："幾，近也。存，在也。夫至樂無樂，常適無憂，可以養活身心，終其天命，唯彼無爲，近在其中者矣。"

　　④　煉氣，内丹修煉術語，即呼吸調節行氣術。

　　⑤　煉神，内丹修煉術語，即煉養元神。

無不可者。生之以遂其性，畜之以極_{竭盡}其養。無愛利之心焉，故生而不有_{佔有}。無矜伐之行焉，故爲而不恃_{自恃}，無刻制_{雕刻打制}之巧焉，故長而不宰_{主宰}。若是者其德深矣遠矣，與物反矣，故曰"是謂玄德①"。《宋徽宗御解道德真經》卷一

此章以全精全氣全神爲學道之根，三者混而爲二②，乃道之全也。

三十輻章第十一

三十輻共一轂，當其無，有車之用。埏埴以爲器，當其無，有器之用。鑿戶牖以爲室，當其無，有室之用。

御注：有無一致，利便利、利澤用出入，是謂至神。有無異相，在有爲體，在無爲用，陰陽之運，萬物之理也。車之用在運，器之用在盛，室之用在虛。妙用出於至無，變化藏於不累，如鑑無象，因物顯照，至人用心，每解乎此。《宋徽宗御解道德真經》卷一

---

① 王弼《道德經注》曰："凡言玄德，皆有德而不知其主，出乎幽冥。"

② 此"二"字應解爲"功行"。金元全真道以功行雙全爲全真，真功真行，雙修雙全，方爲全真。

故有之以爲利，無之以爲用。

鍾會①曰：舉上三事車、器、室之用，明有無相資俱不可廢。故有之以爲利，利在於體；無之以爲用，用在於空。故體爲外，利資空用以得成。空爲内，用藉憑借體利以得就。但利用相藉，咸不可亡也。無賴有爲利，有藉無爲用，二法相假互爲憑藉。

車惠弼②曰：修身者，必須以有資空，以空導引導有，有無資導，心不偏溺，故成人之利用。

此章明有無一致，利用相資，舉三事以明大道。夫輪轂車輪中之圓孔，即插軸之所爲車，埏和埴土爲器，户牖門窗爲室，此有也，人賴以爲利。轂中空虚，輪得轉行；器中空虚，物得盛受；室中空虚，人得居處；此無也，人賴以爲用。有爲實利，必以無爲用。無乃妙，用必以有爲體。有無相待，亦猶形神相須而不可偏廢也。形以神爲主，神以形爲居，形神合同更相生成。世之昧者，煉神者蔽於無，養形者溺於有，是二者胥 xū，都、皆失也。殊不知此章取三物爲喻，以明

---

① 鍾會（225—264），字士季，三國潁川長社（今河南長葛東）人，鍾繇之子。官至司徒，爲司馬昭重要謀士。景元四年（263 年），與鄧艾分軍滅蜀。次年謀叛被殺。博學，長於名家之學，著有《道論》二十篇，今佚。

② 車惠弼，據杜光庭《廣聖義》："唐朝道士成玄英、蔡子晃、黄玄頤、李榮、車惠弼，皆明重玄之道。"車惠弼爲唐朝道士，與成玄英同時代人而略早，著作已佚，散見於李霖《道德真經取善集》與題名顧歡的《道德真經注疏》中。

有無之相生。欲學道者，依此修持，則形神俱妙，與道合真矣。①

五色章第十二

五色令人目盲，五音令人耳聾，

御注：縱耳目之欲屬托、付於聲色，雖具耳目之形而不自見自現，自顯於衆自聞，與盲聾也奚異？《宋徽宗御解道德真經》卷一

五味令人口爽，

王元澤曰：人生而靜，因物有遷。耳目本自希聽之不聞名曰希夷視之不見名曰夷，而聲色在前真從妄喪。口之於味，亦復如此。

馳騁田獵令人心發狂，

呂吉甫曰：萬物無足以撓之者，心之所以靜而聖也。逐乎外則罔念不思爲善②而發狂狂爲心疾矣。事奚不然，馳騁縱橫奔走，喻縱情田獵 liè，獵取禽獸尤爲甚。《道德真經傳》卷一

太康③畋狩獵洛古水名，即今河南省洛河表外，濱而五子④咸

---

① 此章言體用，是中國哲學核心概念，此處指本體和作用。

② 《尚書·多方》："惟聖罔念作狂，惟狂克念作聖。"

③ 太康，夏代國君，姬姓。啟之子，繼啟即位。兄弟五人荒亂，不理民事，被東夷族後羿奪去君位。

④ 《尚書正義》云："'五子'，不知謂誰，故言'啟之五子'。"

怨。典出《尚書·五子之歌》哀公①好田獵而詩人所刺諷刺。典出《詩經·國風·齊風》外作禽荒耽游畋也；荒者，迷亂之謂，田獵無度，迷於正性，非狂而何。

難得之貨令人行妨。

御注：貴難得之貨，則至"於決潰亂性命之情實情而饕貪戀富貴"《莊子·駢拇》，何行之能守，故令人行妨傷害操行。仲虺②huǐ之稱湯③曰"不殖生也貨資貨利財利"《尚書·仲虺之誥》，孔子謂子貢④曰"賜不受命而貨殖焉"《論語·先進》，貨之妨行如此。《宋徽宗御解道德真經》卷一

夫明月之寶如明月之寶物，夜光之璧如夜光之碧玉，適足以賈害自招禍害。孟子曰："寶珠玉者，殃必及身。"《孟子·盡心下》

---

①　哀公即齊哀公，姜姓，齊癸公之子，周夷王時，紀侯進讒，夷王於前868年烹殺哀公。《史記正義》：《紀年》云："三年，致諸侯，烹齊哀公於鼎。"《帝王世紀》云"十六年崩"。

②　仲虺，奚仲後裔，薛方國君主，生於薛（今棗莊薛城北），湯革夏命之主要領導者。

③　湯亦稱"武湯""武王""天乙""成湯""成唐"。甲骨文稱"唐""大乙"，又稱"高祖乙"，名履。商朝建立者，建都於亳（今地有河南商丘、山東曹縣、河南偃師三説）。

④　子貢（前520—前?），名賜，端木氏。春秋末衛國（今河南省鶴壁市）人，孔子學生。

是以聖人爲腹不爲目，

鍾會曰：真氣内實，故曰"爲腹"①。嗜欲外除，故曰"不爲目"②。五音宫、商、角、徵、羽令人耳聾，故聖人爲腹不爲目，諸相佛教語，一切事物外現之形態例也。

爲腹者守精神而真氣内實。不爲目者去六情③目不妄視。

故去彼取此。

河上公曰：去彼目之妄視，取此腹之養神。《道德真經注》卷一

目主外視，腹主内容。聖人實其腹，不爲耳目所役，故去彼外視之目，取此能容之腹。夫聖人清净六根④，於此獨言不爲目者，蓋言目則其餘可知也。

此章言五塵⑤之害性，當忘物以全真⑥，聖人之去取，概可見矣。

————————

① 《老子想爾注》："腹者，道囊，氣常欲實。"

② 河上公曰："目不妄視，妄視泄精於外。"

③ 六情，指人之形體感官追逐境物而生的六種情欲。《太上老君虚無自然本起經》曰："六情者，謂形識知痛癢，欲得細滑。耳聞聲，心樂之；目見色，心欲之；鼻聞香，心逐臭；口得味，心便善；身得細滑衣被，心便利之；得所愛，心便悦之。"道教認爲五欲六情乃危害身心本性之根源，故修道者應除情去欲。

④ 六根，源出釋典，被丹家採用。眼爲視根，耳爲聽根，鼻爲嗅根，舌爲味根，身爲觸根，意爲念慮根。此六者均爲罪孽根源，故名。

⑤ 佛教謂色、聲、香、味、觸能污染真性，故稱"五塵"，亦曰"五境"。

⑥ 全真，指體内三寶齊備，即全精、全神、全氣。《中和集》卷三："所謂全真者，全其本真也。全精，全氣，全神，方謂之全真。"

寵辱章第十三

寵辱若驚，

舒王曰：寵之所以爲辱者，以其若驚也。

馬巨濟曰：寵者辱之本，以係乎得失故也。以見寵於人，則其驚彌甚，是寵之猶辱之也。

寵者榮寵也。心榮見寵，即驚其神，此寵之所以爲辱也。

貴大患若身。

御注：寵者在下，貴者在上，居寵而以爲榮，則辱矣。處貴而以爲累，則患莫大焉。貴者尊貴也，心有所貴，其患大矣，譬若人身動輒自累。《宋徽宗御解道德真經》卷一

何謂寵辱？ 寵爲下。

御注：貪夫名，慕_{思慕}夫禄_福、善，"知進而不知退，知得而不知喪"《易·乾·文言》，受寵於人，則爲下之道。《宋徽宗御解道德真經》卷一

問："何故寵之爲辱？"受寵於人爲下之道，既受寵於人，則與奪之權在人之手。若以得失累其心，豈不惑哉！子文①三仕三已_{止、罷}，無喜慍之色者，豈有辱乎？

---

① 子文，姓鬥，名穀於菟，字子文，據《左傳·宣公四年》載，子文於魯莊公三十年始，爲楚國令尹，於僖公二十三年讓位於子玉（成得臣），其中相距28年，此間幾次罷免復又任命。

得之若驚,失之若驚,是謂寵辱若驚。

温公曰:爲士者以道德爲上,爵禄爲下。上榮也,下辱也。衆人乃寵其辱,操之則栗,捨之則悲。《道德真經論》卷一

得之本有,失之本無,烏能有驚。若以得失之際,有若驚之心,是以辱也。"柳下惠爲士師執掌禁令刑獄之官名三黜①而不去離開"《論語·微子》,正考父三命循墙而走②典出《春秋左傳·昭公七年》,《莊子·列御寇》亦有記載,則異於此。

何謂貴大患若身?

御注:據杖持利勢,擅賞罰,作福威,天下畏之如神明,尊之如上帝天帝,可謂貴矣。聖人則不以貴自累,故能長守貴而無息,譬如人身"墮毀廢肢體,黜退除聰明,離形去智,同於大通大道"《莊子·大宗師》,則無入而不自得也。世之人以物易性,故累物而不能忘勢;以形累心,故喪心而不能忘形,其患大矣。《宋徽宗御解道德真經》卷一

王元澤曰:貴者在物之上,而有國有家之而不能忘,則爲患大矣。譬人有身,珍而累之,則寒暑疾痛萬緒皆何負荷,豈非大患乎?

---

① 柳下惠即展禽,展氏,名獲,字禽。中國春秋時魯國大夫。食邑在柳下,謚惠。任士師(掌管刑獄之官),以"禮"著稱。《孟子》中多次把他與伯夷并列,譽爲儒家典範。時柳下惠爲魯典獄之官,任其直道,群邪醜直,故三被黜退。

② 正考父,春秋時宋國大夫,孔子遠祖。《春秋左傳·昭公七年》:"及正考父佐戴、武、宣,三命茲益共。故其鼎銘云:'一命而僂,再命而傴,三命而俯。循牆而走,亦莫餘敢侮。'"晉杜預注:"言不敢安行。"

吾所以有大患者，爲吾有身，

河上公曰：吾所以有大患者，正吾有身。有身則憂其勤勞，念其饑寒，觸情縱欲，則遇禍患。《道德真經注》卷一

身爲患者，以吾執有其身，爲患大矣。

及吾無身，吾有何患！

蔡子晃①曰：無身者，謂不以身爲身，冥乎造化，物我俱忘，患何能及！非是滅壞其身，喚作無身。

無身者，非謂滅壞其身爲無身也。蓋雖有身而不執，有其身有之以無有耳。若孔子之毋我典出《孔子家語·卷十》、子綦②之喪我偏執之我、小我。典出《莊子·齊物論》是也。

故貴以身爲天下，若可寄天下；愛以身爲天下，若可托天下。

御注：天下大器，非道莫運。天下神器，非道莫守。聖人體道，故"在宥寬天下"③《莊子·在宥》，天下樂推而不厭。其次，則知貴其身而不自賤，以役於物者，若可寄而已。知愛其身而不自賊敗、傷害，以困於物者，若可托而已。故曰："道之真以治身，其緒餘殘餘以爲國家，土苴草。土苴指糟魄以治天下。世俗之君子乃危身棄生以殉追逐物，豈不

---

① 蔡子晃，唐朝道士，與成玄英同時代人。

② 即南郭子綦，住於城郭南端，因以爲號。蓋莊子寓托之得道者。

③ 郭象注曰："宥使自在則治，治之則亂也。"成玄英疏曰："宥，寬也。在，自在也。治，統馭也。"

悲夫?"《莊子·讓王》。《宋徽宗御解道德真經》卷一

王弼曰:無物以易其身,故曰貴也;無物以損其身,故曰愛也,如此乃可以寄托天下也。不以寵辱榮患,損易其身,然後乃可以天下付之也。《道德真經注》卷一

貴者不辱其身,愛者不危其身,如此乃可寄托天下也。若子州支父①、王子搜②之徒是也。二人者,豈榮其寵累其貴乎?

此章言辱自寵生,忘寵則無辱。身爲患本,忘身則無患。既忘寵貴之累,則絶驚患之憂,然後貴愛其身,可以寄托天下。

---

① 子州支父,姓子,名州,字支父,懷道之人,隱者。《莊子·讓王》:"堯以天下讓許由,許由不受。又讓子州支父,子州支父曰:'以我爲天子,猶之可也。雖然,我適有幽憂之病,方且治之,未暇治天下也。'"

② 王子搜,戰國時越人。《淮南子》作翳,畢沅、梁玉繩謂作翳非。俞樾考訂王子搜是無顓之異名。《莊子·讓王》:"越人三世弑其君,王子搜患之,逃乎丹穴。而越國無君,求王子搜不得,從之丹穴。王子搜不肯出,越人熏之以艾。乘以王輿。王子搜援綏登車,仰天而呼曰:'君乎!君乎!獨不可以捨我乎!'王子搜非惡爲君也,惡爲君之患也。"

卷之三

視之不見章第十四

視之不見名曰夷，

御注：目主視，視以辯物，夷則平而無辯，非視所及，故名曰夷。太易_{天地生成之最初階段}未見氣是已[①]。《宋徽宗御解道德真經》卷一

王元澤曰：道至於萬物，平等無有高下之處，非目所視。

此明道也。夷，平易也。道非色，故視之不見。雖不見也，然能玄能黃，不可名之無色也，曰夷而已。

聽之不聞名曰希，

御注：耳主聽，聽以察物，希則概ⅰ，稠密而有聞，非聽所聞，故名曰希。大音希聲是已。《宋徽宗御解道德真經》卷一

---

① 《列子·天瑞》："太易者，未見氣也。"

莊子曰:"聽而可聞者,名與聲。"《莊子·天道》道無聲,非
耳所聞,故曰希也。雖不聞也,然能宮能商,不可名之無
聲,曰希而已。

搏之不得名曰微。

御注:微乎微乎,至於無形,孰得而搏之? 大象無形是
已。《宋徽宗御解道德真經》卷一

無形曰微。搏,執持也。道無形,故執持不得。雖不
得也,然能陰能陽,能柔能剛,能短能長,能圓能方,能暑能
凉,能浮能沉,能苦能甘,於無形之中而能形焉,故名曰微。

此三者不可致詰,故復混而爲一。

御注:太易未判,孰分高下? 大音希聲,孰辯清濁? 大
象無形,孰爲巨細? 目無所用其明,耳無所施其聰,形無所
竭其力,道之全體於是乎,在窮之不可究,探之不可得也。
氣形質具而未相離,故混而爲一。雖然既已爲一矣,且得
無言乎?《宋徽宗御解道德真經》卷一

三者謂夷、希、微也。不可致詰 jié,推問者,謂無色、無
聲、無形,口不能言,書不能傳,當受之以靜,求之以神,不
可詰問而得之。混,合也。三名合而爲一,三者本一體而
人之所以求者。或視或聽或搏,故隨事强名耳。

其上不皦,其下不昧,

王元澤曰:凡物有質則具陰陽,上皦光明下昧陰暗,理必
然也。唯道無物,故混然而成。此言道之定體。莊子曰:

"失吾道者,上見光日月而下爲土大地。"《莊子·在宥》

繩繩不可名,復歸於無物。

呂吉甫曰:繩繩兮紛紜不絕貌調 diào 直言辭直率而有信。雖有信也,而不可名,故復歸於無物同於"復歸其根"。《道德真經傳》卷一

是謂無狀之狀,無物之象。是謂惚恍。

《纂微》曰:夫復歸於無物者,非空寂空洞枯寂之謂也。謂於無形狀之中,而能造一切形狀,於無物象之中,而能化變化、演化一切物象,欲言有邪而不見其形,是即有而無也。欲言無邪而物由以成,是即無而有也。恍者有之疑於無,惚者無之疑於有,道之爲物,非有非無,不可定名,故曰"惚恍若有若無,閃爍不定"。《道德真經藏室纂微篇》卷二①

迎之不見其首,隨之不見其後。

御注:其始無首,其卒終止無尾,故迎之隨之,有不得而見焉。《宋徽宗御解道德真經》卷一

蘇子由曰:道無所不在,故無前後可見。《道德真經注》卷一

執古之道,以御今之有。

王弼曰:古今雖異,其道常存。執之者方能御物。②

呂吉甫曰:無前無後,則不古不今。雖不古不今,而未

---

① 自"恍者有之疑於無"以下略異。

② 按樓宇烈先生考證,本段注文與各本均異,不知所本。

嘗無古今也。則長於上古而不爲老者①,吾得之以日用矣,故曰"執古之道,以御今之有"。《道德真經傳》卷一

能知古始,是謂道紀。

呂吉甫曰:所謂古者,非異於今也,以知古之所自始也。所謂今者,非異於古也,以知今之所從來也。誠知古之所自始,則知今之所從來矣。始無所自,來無所從,所謂"無端之紀綱紀、規律"《莊子·達生》也。無端之紀,道紀也。道不可執也,得此可以執之,以爲德矣,執德之謂紀。

王元澤曰:推而上之至於無物之初,乃知物無所從來,道之情得矣。道之紀,要求取古今不變者,是莊子所謂無端之紀也。

李畋②曰:此章言妙本應用,何所不無也。若以視聽求之,了勿可得。以曠昧察之,湛深沉勿可分。物象不能名,始終不可睹,其用難測,以御有爲。

---

① 原本無"長於上古而不爲老者",依《道德真經傳》卷一補出。

② 李畋,字渭卿,自號穀子,北宋蜀華陽(今四川成都)人。淳化三年(992年)進士,以有學行而爲鄉里所稱。著有《該聞録》十卷,《易義》今佚,另《穀子》三十卷,《哥詩雜文》七十卷,《孔子弟子傳》六十卷,《道德疏》二十卷等。現存著述僅《該聞録》一卷,有《説郛》本,《全宋詩》卷九六録其詩一首。《全宋文》卷一八九收其文三篇。事迹見《澠水燕談録》卷六。

古之善爲士章第十五

古之善爲士者，微妙玄通，深不可識。

舒王曰：士者事道之名，始乎爲士，則未離乎事道者也。終乎爲聖人，則與道爲一。事道不足以言之，與道爲一，則所謂微妙玄通精妙通達，深不可識深刻而難以認識是已。

靈仙①曰：道無不通名善，事無不達爲士。前章執古御今，此則御今引古。

前章論道之全體，此章言士之體道。微者彰之反也，妙者危端正之反也。玄則深遠不測，通則變化無窮。古之善爲士者，有此道而退藏於密不可測，究孰得而識之哉。故曰“深不可識”。

夫惟不可識，故强爲之容。

御注：天之高不可俄而頃刻度計算也，地之厚不可俄而測也。曰圓以覆，曰方以載者，擬諸其容而已。强爲之容，豈能真索尋求其至。《宋徽宗御解道德真經》卷一

---

① 靈仙，即松靈仙，據《漢魏南北朝墓誌彙編·北齊》載：“《銘文》：居士諱道明，字靈仙，穎州永陰人也。祖蠔，昌黎郡。……春秋八十有四，以武定七年十月二日卒於石城之捨。……行修釋氏，志述彌勒。六度爲心，無爲爲德。”《磚誌》載：“大齊天保三年歲次壬申七月丁卯朔四月庚午，孫槃龍妻明姬記。”可知，靈仙（465—549），名道明，字靈仙，北齊穎州永陰（今安徽阜陽）人，精於釋老，據杜光庭《道德真經廣聖義》記載松靈仙曾注釋過《道德經》。

謂下文也，夫惟道大難識，强爲之容而已。

豫若冬涉川，猶若畏四鄰，

吕吉甫曰：庖丁①解牛典出《莊子·養生主》，"怵然驚懼貌爲戒，視爲止眼神專注，行爲遲，動刀甚微。"《莊子·養生主》則豫遲疑不決貌若冬涉川者小心謹慎如履薄冰也。豫則圖之於事之始也。"謋 huò，解散然已解，如土委地潰散於地，提刀而立，爲之四顧，爲之躊躇滿志，善猶"拭"刀而藏之。"《莊子·養生主》猶②若畏四鄰者也。猶則慎之於事之終也。《道德真經傳》卷一

豫者圖患於未然，猶者致疑於已是。由膝以上爲涉，集衆流爲川，涉川者犯難也。冬者至寒之時，徒涉巨川，以見至人不好從事，於務出於不得已，常迫而後動，臨事而懼也，故曰"豫若冬涉川"，既涉則無慮矣。而猶戒曰猶至人靜密幽深，不出性宅心神所居之地，常若畏鄰，斂而不縱，閑邪存誠心懷坦誠，非物採捋取之，其心不出，故曰"猶若畏四鄰"。

儼若客，

王元澤曰：不以事爲己任，故其容寂。

《纂微》曰：言有道之士，儼端謹莊嚴然端謹而心無散亂，如賓對主，曷敢造次。《道德真經藏室纂微篇》卷三

---

① 庖丁，一説名丁之庖人，一説掌厨丁役之人。

② 猶，警覺、戒剔貌。後事而疑，形容善爲士者，謹於終而常不放肆。

此作容字，説若東郭順子①正容悟物，使人之意也消，故田子方②師仰之。此作客字，説若李含光③居於暗室，如對君父，故司馬子微④激賞猶"讚賞"之。

涣若冰將釋，

御注：水凝而爲冰，冰釋而爲水，其實一體。蔽於執一

---

①　東郭順子，據《高士傳》載："東郭順子者，魏人也。修道守真，田子方師事之，而爲魏文侯師友，侍坐於文候，數稱谿工。"成玄英《莊子·田子方》疏："居在郭東，因以爲氏，名順子，子方之師。"

②　田子方，姓田，名無擇，字子方。魏賢人。馬敘倫從《吕氏春秋·舉難》與《察賢》等篇，引證説明田子方乃魏文侯友，非魏文侯師。

③　李含光（683—769），本名弘，天寶七年（748年）賜號玄静先生，卒謚正議大夫，唐廣陵江都（今江蘇揚州）人。世代奉道教，其父與司馬承禎爲方外交。精於黄老術，通服餌之法。師事司馬承禎於王屋山。著有《仙學傳略》、《周易義略》三篇、《老莊學記》三篇、《三玄異同論》、《本草音義》二卷、《導學》二十卷等，皆佚。

④　司馬承禎（647—735），字子微，自號白云子、天臺白云子、白云道士、赤城居士，法號道隱。師事潘師正，受授《金根上經》，三洞秘籙及服食、導引等修道微旨，爲上清派第四代傳主。著有《修真精義論》《服氣精義論》《修真秘旨》《坐忘論》《洞玄靈寶五嶽名山朝儀經》《上清天地宫府圖經》《上清含象劍鑒圖》等。其《修道精義雜論》一卷收録於《正統道藏》洞真部衆術類，《太上升玄消災護命妙經頌》一卷收録於《正統道藏》洞真部讚頌類，《上清含象劍鑒圖》一卷收録於《正統道藏》洞玄部靈圖類，《上清侍帝晨桐柏真人真圖讚》一卷有圖收録於《正統道藏》洞玄部讚頌類，《服氣精義論》一卷收録於《正統道藏》洞神部方法類，題名爲司馬承禎的《天隱子》一卷收録於《正統道藏》太玄部，《坐忘論》一卷收録於《正統道藏》太玄部。

者,如水之凝。同於大通者,如冰之釋。《易》曰:"渙,離也。"《易·序卦傳》離人而無所系較 kǎi,阻礙,所以爲渙。《宋徽宗御解道德真經》卷一

《字説》①曰:"奐衆多,散布之貌而散爲渙。"夫水本無冰,遇寒則凝。性本無礙,有物則結。有道之士,豁然大悟,萬事銷亡,如春冰頓釋。

敦兮其若樸,

御注:敦者誠樸寬厚厚之至。性本至厚,如木之樸木之未成器者,未散爲器。《宋徽宗御解道德真經》卷一

此言性之全也。《經》曰:"復歸於樸。"《道德經》二十八章

曠兮其若谷,

御注:曠者廣之極。性原無際,如谷之虛,受而能應。《宋徽宗御解道德真經》卷一

此言性之虛也。《經》曰:"上德若谷。"《道德經》四十章

渾兮其若濁。

王弼曰:藏精匿藏匿炤通"照",顯示,外不異物,混同波水涌流塵,故曰"若濁"。②

---

① 《字説》,文字學書,二十四卷(據《進字説表》,《熙寧字説序》作二十卷),宋王安石撰。元豐三年(1080年)成書。不從許慎《説文》和傳統説解而自創新説,乃"荆公新學"之一,今已不傳。

② 依樓宇烈先生考,此非王弼注文。

楊子①曰："合則渾混同,離則散。"《法言·問道》渾者與世合而不離,故若濁。莊子所謂"與物委蛇而同其波也"《莊子·庚桑楚》,與"刻意雕礪心志尚行崇尚品行,離世異俗超脱世俗"《莊子·刻意》者異矣。夫善爲士者,冬涉不好從事,畏鄰防患於後,若客之不爲主,如冰釋不凝滯,樸而能全,谷而能虛,濁不殊俗,此所謂深不可識,而强爲之容也。

孰能濁以澄,静之徐清。

王元澤曰:澄水清定性者與澄水同。加工器物則動而彌濁,唯静以俟之,則徐自清矣。有道之士,所以物莫能濁者,以其静之徐清耳。

曹道沖曰:豈隨流而忘反,聊姑且、暫且澄静以徐清。

孰能安以久,動之徐生。

御注:有道之士,即動而静,"時騁直馳而要其宿會"《莊子·天地》,定而能應,"至無道體至虛而供其求"《莊子·天地》,故静之徐清,而物莫能濁。動之徐生,而物莫能安安定。《易》曰:"來徐徐,志在下。"《易·困卦》徐者安行而自適之意。至人之用心,非以静止爲善,而有意於静。非以生出爲功,而有爲於生也。因其固然本來之貌,付之自爾猶"自然",而無怵爲利所誘怵迫迫貧賤,東西趨利之情,遑 huáng 遽 jù,驚懼不安之勞焉,

---

①　楊子,即揚雄(前53—18),字子云,西漢蜀郡成都(今屬四川)人。一作"楊雄"。仿《論語》作《法言》,仿《易經》作《太玄》,又著《方言》《訓纂篇》等語言學書籍。

故曰"静之徐清"。萬物無足以撓其心,故孰能濁。動之徐
生,萬物無足以係其慮,故孰能安。安有止之意,爲物所
係,則止矣,豈能應物而不傷。《宋徽宗御解道德真經》卷一

保此道者不欲盈。

馬巨濟曰:保不欲盈者,道集虚心境虚静純一,虚者心齋故
也。盈而有,有則淺可識矣。

夫惟不盈,

吕吉甫曰:然不曰虚而每曰盈者,恐人之累於虚也。
虚而累於虚,則不虚矣。故曰或不盈,不欲盈而已。《道德真
經傳》卷一

故能弊不新成。

王元澤曰:得道者未嘗盈,則成道者未嘗新更新也。道
之爲用,通萬世而不弊,以其無弊、無新、不成、不敗故也。
弊生於新,敗生於成,士雖成道,而常若弊,則終無弊敗矣。

此章言士之體道,深不可識,終之以不欲盈者,虚也。
虚則空洞無一物,世豈得而識之哉? 古之保此道者,若大
禹①不自滿假大,孔子不居其聖已。獨取虚者,老子也。實
若虚者,顏子顏回也。惟道集虚,於此可見。

---

① 大禹,姬姓,名文命,鯀之子,夏代建立者。

致虛極章第十六

致虛極，守靜篤。

御注：莫貴乎虛心靈空明，喻不帶成見，莫善乎靜。虛靜者，
萬物之本也。虛故足以受群實實有，靜故足以應群動。極極
度、頂點者眾會而有所至，篤者立行行爲舉動而有所至，致虛而
要其極，守靜而至於篤，則萬態雖雜而吾心常徹通達，萬變
雖殊而吾心常寂，此之謂天樂。非體道者，不足以與此。
《宋徽宗御解道德真經》卷一

鍾會曰：致，至也。除情慮至虛極也，心常寂守靜篤
也。

致虛則若谷能受群實，無一塵之積聚集，可謂極矣。守
靜則若水能應群動，無一毫之攖擾亂、干擾，可謂篤矣。

萬物并作，吾以觀其復。

嚴遵曰：天地反覆，故能久長。人復返，往復循環寢寐，故
能聰明。龍蛇復蟄藏，故能章章明美貌。草木復本，故能青
青茂盛貌。化造化復，則神明得位，與虛無通，魂休魄靜，各得
其所安，志寧氣順，血脉和平。[①]　此皆蹔 zàn 爾復靜，猶能精
神，況久歸至道者乎？此句《道德真經指歸》無。

---

① 《道德真經指歸·致虛極篇》，引自宋陳景元《道德真經藏室纂微
篇》。

吾者命令,_{上出爲命,下稟爲令}物之我也。我以虛靜之至,觀萬物之作_{生成活動},命物而不與物俱化,故曰"吾以觀其復"。

夫物芸芸,各復歸其根。

溫公曰:物出於無,復入於無。《道德真經論》卷一

王元澤曰:從性起用,復還性根,動_{動物}植_{植物}雖殊,理歸一致。

歸根曰靜,

蘇子由曰:苟未能自復於性,雖止動息念以求靜,非靜也。故惟歸根,然後爲靜。《道德真經注》卷一

人生而靜,天之性也,復性則靜。

靜曰復命,

陸佃曰:言根則知有所謂本,言命則知有所謂性,故言歸根曰靜,則復者本也。靜曰復命_{復歸本源},則歸根者性也。莊子曰:"自本_{自爲本}自根_{自爲根},未有天地,自古以固存_{已經存在}。"《莊子·大宗師》自根者,歸根曰靜是也;自本者,靜曰復命是也;自古者,復命曰常是也。自本者,無所因_{沿襲}於本;自根者,無所出於根;自古者,無所歷_{指推算年代}於古。雖然歸根曰靜,靜曰復命,復命曰常,其本一也。其言先根而後本,先性而後命,而於根則謂之歸,於命則謂之復者,辭之序爾。歸未至也,復則至矣。根未至也,命則至矣,復之所入_{入其內}深矣。

復命曰常。

王元澤曰：出生則入有，入有則系數_計，然則密移_{暗中遷}
_{移之變}，頃刻不停，惟復命則湛然常寂，物莫能遷。

從道受生之謂命，復命則反其所自生，與道爲一，則亘
_{時空之綿延不斷}古今而常存。

知常曰明。

舒王曰：常_{包通萬有而無偏者}乃無始已來不變之稱也，知
其常則謂之明_{無形不可得而見也}。

自道之外皆非常也。道雖真常，無形無名，非有自知
之明，鮮有不爲物蔽者矣。

不知常，妄作凶，

御注：聖人知道之常，故作則契理，每與吉會。不知常
者，隨物轉徙_{輾轉遷移}，觸途_{處處、各處}自患，且不足以固_{堅、久}其
命，故凶。《宋徽宗御解道德真經》卷一

孫登①曰：不能歸根守靜，則夭命失常，是其凶也。

夫眾不知道之真常，以妄爲常，故歡樂用生，動而失
之，壽命竭_{涸竭}矣。所謂妄作_{輕舉妄動凶也}。

---

①　孫登，據《晉書・阮籍傳》載，孫登字公和，三國時隱者，居蘇門山。
又據《神仙傳》載，孫登字公和，汲郡（今屬河南）人，魏晉道士，好讀《易》。孫
登穴居茹草，修道精勤，後從赤君處得玉砂膏，服之，白日升天，故道教將其列
入《歷世真仙體道通鑒》。

知常容，

蘇子由曰：方迷於妄，則自是_{自以爲是}而非_{以他爲非}，彼物皆吾敵，吾何以容_{無所不包}，苟知其皆妄，則雖仇讎，仇敵猶將哀而憐之，夫何所不容哉。《道德真經注》卷一

容乃公，

河上公曰：無所不包容，則公正無私，衆邪莫當。《道德真經注》卷一

《禮記》曰：“大道之行，天下爲公，人不獨親其親，子其子。”《禮記·禮運篇》

公乃王，

舒王曰：背私則爲公，盡制_{控制駕馭}則爲王_{無不周普}。公者，德也。王者，業也。以德則隱而內，以業則顯而外。公與王合，內外之道也。

成玄英①曰：王，往也。公則物皆歸往。

王乃天，

王元澤曰：王者，人道之至極。極人之道，乃通於天。

---

① 成玄英，字子實，唐初陝州（今河南陝縣）人。通儒經，猶重文字訓詁學。貞觀五年（631年）詔至京師，賜號“西華法師”。著有《老子道德經注》二卷、《老子開題序訣義疏》七卷、《莊子注》三十卷、《莊子疏》十二卷等。其《道德經義疏》保存於《正統道藏》的《道德真經玄德纂疏》中。

天乃道，

御注：通天地人而位乎天地之中者，王也。一而大_{無不}_{包通}，在上而無不覆者，天也。天地人莫不由之者，道也。盡人_{盡人所能爲之事}則同乎天，體天則同乎道。《宋徽宗御解道德真經》卷一

道乃久，

盧裕①曰：久，長久也，謂量_{量度}等。太虛，無來無去，心冥至極，不生不滅，冥混自然，不可分別，既與此理契會，義説爲久。

没身不殆。

《新説》②曰：天之所法者，道也，故曰“天乃道”。道則無古無今，故曰“道乃久”。夫道至於久而可以没身不殆，其孰能致於此哉。

此章以歸根復命爲義，故首言虛静，終之以道乃久者，

──────────

①　盧裕，據《四庫全書子部・道家類・老子翼》記載“範陽盧裕（後魏國子博士一名白頭翁注二卷）”可知，盧裕爲範陽（今河北涿州）人，後魏（386—543）國子學博士，以白頭翁之名注《老子》二卷，今部分存於顧歡《道德真經注疏》和李霖《道德真經取善集》。

②　《新説》，據劉惟永《道德真經集義》引《丞相新説》，《中國老學史》考證丞相曾作《道德經新説》，知此則《新説》爲丞相所做，但丞相何許人，不可考。

道以虚静爲先,若捨此而入道,譬若"捨舟航_船而濟_{渡水乎瀆}河者,末矣"_{揚雄《法言·吾子》}。

太上章第十七

太上,下知有之。

王元澤曰:三皇_{伏羲、神農、黃帝}之世,無爲而治,使民各遂而不知其然,豈得而親_{親近}譽_{讚美}乎?

馬巨濟曰:知有君而不知有其君,此三皇之世。莊子所謂:"有泰氏_{上古帝王}其臥徐徐_{安閒,舒緩},其覺于于_{迂緩,自得}貌,一_或人_以以爲己爲馬,一以己爲牛。"_{《莊子·應帝王》}

太上者,謂太古無名號之君也。太者,極大之名。上者,至高之稱。無爲之治,至大至高,後世無以尚之,故曰太上也。下_{百姓}知有之_{君主者},知有君而不臣事_{以臣道奉事也}。

其次,親之譽之。

馬巨濟曰:惠愛,仁也,故親。賞罰,義也,故譽。然親之固已疏_{疏遠},譽之固已毀矣,何者? 未能出於非人故也,此二帝_{唐堯,虞舜}之世。莊子曰:"有虞氏_舜不及泰氏_{太昊伏羲}。"_{《莊子·應帝王》}

堯仁如天,就_{靠近、趨向}之者如日。舜至鄧_{今河南南陽附近}墟_{曠野},來之者十萬家,親之也。康衢_{今山西臨汾堯都區一帶}譽堯_{有《康衢謠》},謳歌_{歌頌、讚美}與舜,譽之也。

其次，畏之侮之。

《纂微》曰：仁義失則刑法立，而民畏之。《道德真經藏室纂
微篇》卷三

馬巨濟曰：此三王夏禹、商湯、周文王之世。莊子曰："施及
三王而天下大駭。"《莊子·在宥》好智而百姓竭，於是椎_槌子鑿
_{鑿子}。二者皆指刑具決_{處決}焉。智慧極，大僞生，巧_{擅長}役其下，
愚_{蒙蔽}侮_{輕慢}其上，而刑罰不足以威_{震懾}懲_{懲罰}，此五霸①之
世。孟子曰："五霸假_假仁以正諸侯之也。"《孟子·盡心上》

王元澤曰：失德無政_{治政無方}，則民侮之。

信不足，有不信。

御注："附離_{依附}不以膠漆_{膠與漆，粘合之物}，約束_{捆縛}不以
纏索_{繩索}。"《莊子·騈拇》此至信也。"商人_{殷人}作誓而民始畔
_{通"叛"，反叛}，周人作會_{會盟}而民始疑。"《禮記·檀弓下》信不足故
也。太上下知有之，則當不知以爲信。其次畏之侮之，則
知詐。頡_{xié}滑_{滑稽}，姦黠_{機變}_{機謀}，權詐之巧生，而有不信者
矣。《宋徽宗御解道德真經》卷一

唐明皇曰：畏之侮之者，皆由君信不足，故令下有不信
之人。《唐玄宗御注道德真經》卷一

猶其貴言。

唐明皇曰：親之譽之，由君有德教_{道德教化}之言，故貴其

---

①　五霸，齊桓公、晉文公、宋襄公、秦穆公、楚莊王。

言而親譽之。《唐玄宗御注道德真經》卷一

馬巨濟曰：言不足貴_{寶重}而猶_{仍然}貴之，故曰猶。蓋太上，不言而化。自兹_此以降，帝有典謨①，王有誓②誥③也。

功成事遂，百姓謂我自然。

御注："帝王之功，聖人之餘事_{以國家爲殘餘之事也}。"《莊子·讓王》使人甘其食、美其服、安其居、樂其業，而餘事足以成帝王之功，然謂我自然_{如此而已}。曰："帝力_{帝王之恩惠}何有於我哉！"《擊壤歌》此謂太上之治。《宋徽宗御解道德真經》卷一

唐明皇曰：功成而不執，事遂而無爲，百姓謂我自如然也。上力何與焉！《唐玄宗御注道德真經》卷一

此章言三五_{三皇五帝}殊_異化_{教化}，下民風靡_{競相仿效}，道降爲德，德衰用刑，刑不能制，必至於欺侮。此信不足於上，而民有不信也。

大道廢章第十八

大道廢，有仁義；

御注：失道而後德，失德而後仁，失仁而後義，仁以立人，義以立我，而去道也遠矣。韓愈不原_{原本}聖人道德之

---

① 《尚書》中《堯典》《舜典》《大禹謨》《皋陶謨》等篇總稱。

② 誓，告誡將士之言辭，如《泰誓》《秦誓》等。

③ 誥，王對臣下之命令，如《大誥》《湯誥》等。

意，乃以謂"仁與義爲定名_{有實際内容概念}，道與德爲虚位_{空名}_號"，"老子之小_{輕視仁義}"《原道》，其所見者小也。莊子所謂"蔽蒙_{蔽塞愚昧}之民"《莊子·繕性》。《宋徽宗御解道德真經》卷一

大道者，即太古無爲之道也。仁義不顯，猶日中盛明_{盛大光明}，衆星失光也。廢，猶隱也。三皇之後，人心不淳厚，大道隱而不見，仁義立而道衰，魚失江湖之游，則濡沫_{口沫}之恩斯重。人失大道之適，則仁義之惠斯隆_{盛大厚重}。三皇當大道，二帝爲仁義，莊子曰"道隱於小成①"《莊子·齊物論》。

智慧出，有大僞；

唐明皇曰：用智慧者，將立法_{建法立制}也。法出而姦生，則有大僞矣。《唐玄宗御注道德真經》卷一

慧以智爲體，智以慧爲用，智慧有大小也。莊子曰："去小智_{小智自私}而大智_{大智任物}明。"《莊子·外物》孔子曰："好行小慧_{小小才智}。"《論語·衛靈公》是智慧有大小也。太上云："此者爲其以鑿爲智，以察爲慧，作聰明制法令，所謂小智慧也。"智慧既出，民之姦僞滋生也。若夫遠近并觀，閑閑_{從容自得貌}無事，因其自然，無益損乎。其真淳風大行，烏有大僞者哉？

---

①　成玄英疏曰："小道而有所成得者，謂之小成也。"

六親不和,有孝慈;

鍾會曰:若九族皆睦_{親睦},則愛敬無施_{施加}。六親父子、兄弟、夫婦不和,則孝慈斯著。

瞽瞍_{舜父頑凶惡}而舜稱大孝,曾晳[1]嚴_{嚴厲}而參[2]稱能養。

國家昏亂,有忠臣。

舒王曰:道隱於無形,名生於不足_{名生則物有別,是爲不全足}。道隱於無形,則無小大之分;名生於不足,則有仁義智慧差等之別。仁者有所愛也,義者有所別也,以其有愛有別,此大道所以廢也。智者知也,慧者察也,以其有知有察,此大僞所以生也。孝者各親其親,慈者各子其子,此六親所以不和也。忠者忠於己之君謂之忠,於他人謂之叛。

不明謂之昏,不治謂之亂。昏亂之世,乃有忠臣匡救_{匡正補救其君}。《傳》曰:"亂世見誠_{忠誠臣}。"若龍逄[3]名芳_{美名}於夏桀_{夏代末君,名履癸},比干[4]譽美於殷紂_{商代末君}。典出《莊子·人間世》

---

① 曾點,字子晳,亦稱曾晳,春秋魯國武城(今山東平邑)人,曾參之父。

② 曾子(前505—前436),名參,字子與,孔子學生,以孝稱。

③ 龍逄,《莊子·人間世》作"龍逢",成玄英疏曰:"姓關,字龍逢,夏桀之賢臣,盡誠而遭斬首。"

④ 比干,《莊子·人間世》中成玄英疏曰:"比干,殷紂之庶叔,忠諫而被割心。"

此章言道隱於小成，名生於不足故也。

絕聖棄智章第十九

絕聖棄智，民利百倍；

鍾會曰：絕制作之聖，棄謀慮之智，人當反樸還淳復歸於樸實純正，故其利百倍。作者之謂聖，創物之謂智，聖智才之善者之人，制作法度，創立政令，欲禁姦虛偽狡詐止暴凶惡殘暴，豈知法出姦生，令下詐起，民失性命之真，日趨澆競 jìng，追名逐利之浮薄風氣之域境遇。若絕棄法令，則民反常復歸於真性、復樸，其利豈止百倍而已。莊子曰："掊打擊聖人，縱捨釋放盜賊，而天下始治矣。"《莊子·胠篋》

絕仁棄義，民復孝慈；

王元澤曰：至德之世，父子相親而足。今更代也生仁義，則名實交斜 tǒu，交錯雜亂貌，得失紛然散亂貌，民性亂矣。蓋盛於末者本必衰，天之道也。孝慈，仁義之本也。或曰："孔孟明堯舜之道，專以仁義，而子以老氏為正，何如？"曰："夏以出生為功，而秋以收斂收穫為德，一則使之榮華而去本夏之生長之功，離本，一則使之彫悴而反根秋之收斂之德，復歸。道歲道之週期也，聖人時與時偕行，動乎當理也。明乎道，則孔老相為互為終始。"

絕巧棄利，盜賊無有。

王元澤曰：巧利_{用之善也}勝則民欲侈_{多費謂之侈}，而本業衰，必至於爲盜。上三事_{指聖智、仁義、巧利}，皆以末傷本者。

巧，機巧也。巧者，善僞詐_{僞利}、貨利_{資貨財利}也。見利忘義，絕機變_{機謀權詐}之巧而民有恥，棄欲利之心而民知義，此盜賊所以無有也。若不絕棄巧利，徒滋_{增益}法令禁之，此盜賊所以多有也。莊子曰："擺_{lì}，折斷工倕_{chuí，堯工}，巧人之指，而天下始人有①其巧矣。"《莊子·胠篋》又曰："擿_{zhì}，投棄玉毀珠，小盜不起。"《莊子·胠篋》

此三者，以爲文不足，故令有所屬，

馬巨濟曰：質_{質樸}則有餘，文_{文飾、浮文}則不足，三者去本已遠，爲文而已，此其所以不足也。令屬_{歸屬、適從}其性於下四事。

見素抱樸，

舒王曰：不言守素_{未染色之絲}而言見素，不言反樸而言抱樸，不言無私而言少私，不言無欲而言寡欲，蓋見素然後可以守素，抱樸然後可以反樸，少私然後可以無私，寡欲則致於不見所欲者也。

---

① 依王叔岷等考證，此處"有"應爲"含"，即含藏，內斂之意，否則於意不通。

見素則見性之質而物不能雜，抱撲則抱性之全而物不能虧。

少私寡欲。

御注：自營爲私，而養心修養心神莫善乎寡欲少私，寡欲則定乎内外之分，辨乎真僞之歸，德全而復性。《宋徽宗御解道德真經》卷一

馬巨濟曰：見素此聖智所屬也。於無所與彼此往來雜彼此錯雜謂之素，見素則見道，見道則不爲，不爲則無聖無智矣。抱撲，此仁義所屬也。全材之謂撲，抱撲則抱性，抱性則不器，不器則無仁義矣。少私寡欲，此巧利所屬也。自有之謂私，有物之謂欲，而巧利由以生。私欲少且寡，則巧利衰矣。《莊子·胠篋篇》正以明聖智仁義巧利之害，與此章同意。

私者，吾之身也，少私則不以巧利累其身。欲者，性之動也，寡欲則不以巧利亂其心。

李畋曰："此章言去滋蔓禍患滋生蔓延在乎拔本，抑横流大水氾濫不循道在乎塞阻隔源也。若制作指制法作度不興，則真素見；仁義不飾，則淳撲存；巧利不施，則私欲絕。然後天和自然和順之理自暢通暢，日用日常，平時不知。"

絕學無憂章第二十

絕學無憂。

御注：學以窮理窮究事物之理，方其務致力學以窮理，思慮善否，參稽參酌稽考治亂，能勿憂乎？學以致道，見道而絕棄絕學，損之又損日去其華偽以歸於淳樸無為之，以至於無為而無不為，則任其性命之情，無適而不樂，故無憂。《宋徽宗御解道德真經》卷一

溫公曰：學之所以不可已止者，為求道也。若棄本而逐末，則勞而無功，不若不學而無憂也。《道德真經論》卷一

絕學者體道也。體道則窮困厄亦樂，通顯達、通達亦樂，以窮通為寒暑之序，①不悅生，不惡死，以死生為夜旦之常，"天地樂而萬事銷亡與天地同樂而物累皆捐，意不受物累"《莊子·天地》，何憂之有？且絕者非謂絕滅不學也。老子恐人溺沉湎於學，而以"文滅質，以《莊子》原文無"以"字博博學，文博心質之飾溺心"《莊子·繕性》不能體道，故以絕學為言。若人不學，何以入道？子夏曰"君子學以致至、達其道"《論語·子張》，"致道者忘心心知之術"《莊子·讓王》，此學所以絕也。乃若不學之人，空空如也—無所知，安所用絕。彼楊子云："不原原本聖人

①　《莊子·讓王》："所樂非窮通也，道德於此，則窮通為寒暑風雨之序矣。"

深意,以謂人而不學,雖無憂,如禽_{禽獸}獸何? 豈知聖人絶之
之意邪?"《法言·問神》

唯之與阿,相去幾何? 善之與惡,相去何若?

御注:唯_{敬諾}阿_{慢應}同聲_{同爲回應之音聲},善惡一性_{同爲性},小
智自私,離而爲二,達人_{任性命而不滯者}大觀_{諦視},本實非異。
唯阿雖異,同出於聲;善惡雖殊,皆離於道。以喻學者如唯
如善,不學如阿如惡,學則爲智,不學則爲愚,智者過之,愚
者不及,其於失道均也。《宋徽宗御解道德真經》卷一

人之所畏,不可不畏。

御注:鼓_{振動}、搖_動萬物而不與聖人同憂者,道也。吉凶
與民同患者,事也。體道者無憂,涉事者有畏_{畏懼}。人之所
畏而不知爲之戒,能無息_{不間斷}者鮮矣。故君子以恐懼修省
_{修身反省}。《詩》曰:"畏天之威。"《詩經·我將》。《宋徽宗御解道德
真經》卷一

唐明皇曰:凡人所畏者,慢_{懶惰},怠_慢與惡也;善士所畏
者,俗學與有爲也。皆當絶之,故不可不畏。《唐玄宗御注道德
真經》卷二

衆人務學不能冥會,事物畢召_{召至}反撓_{攪擾}其心,此人
之所畏而亦不可不畏者。若不絶學,無以體道,故也。

荒兮其未央哉!

河上公曰:言世俗荒亂,欲進學爲文_{文教},未有央猶"盡"
止也。《道德真經注》卷二

荒，不治也。若不絕學，則正性荒廢，不治之憂，未有央止之時。

衆人熙熙，如享太牢，如春登臺。

王元澤曰：造化無極，事物日生。唯聖人能一通貫古今而無變，衆人則隨化大化流行而遷妄亂，見美惡樂得其生，自以爲美。春者，萬物奮張振奮，離静而動，去本逐末之時。臺者，可以遠覽諸境之地。物衆人不明乎至理，皆逐物追求外物生情，其狀如此。

凡物以陽熙燥也，振起，以陰凝凝聚，陽主動，陰主静。熙熙縱情奔欲貌者性動而悦樂欣喜、歡樂之象也。太牢者，牛也，其味至厚濃鬱。春者，時物應時之物之華榮，繁盛。臺者，遠覽諸境之地，以喻衆人因學致僞，逐境失真，其狀如此。夫道，淡乎無味，實而不華，絕學者所樂也。務學則失道，離性之静，外游是務，其志熙熙，然得其義理如悦厚味以養口腹，博其見聞如睹高華典雅華美以娱心志，耽沉溺樂之徒，去道彌遠。

我獨怕兮其未兆，如嬰兒之未孩。

御注：《經》曰“復歸於嬰兒”《道德經》二十八章，嬰兒欲慮未萌，疏戚親近一視，怕 bó，其他版本作“泊”，恬淡静止，“和順和善温順積中，而英華不兆朕兆，迹象於外。”《禮記·樂記》故若嬰兒之未孩古同“咳”，即嬰兒笑。《宋徽宗御解道德真經》卷一

怕者，静止不流之義。静止則得無味之味，復乎一性

之初,與嬰兒奚異。

乘乘兮若無所歸。

御注:"時乘六龍六氣:陰陽風雨晦明以御統御天。"《易·乾卦·象辭》乘乘①者,因時任理而不倚於一偏,故若無所歸。

《宋徽宗御解道德真經》卷一

乘乘者,運動貌。至人靜則與嬰兒同,動則乘萬物之變,而唯變所適無所嚮趨向、親近著附著故也。

衆人皆有餘,

馬巨濟曰:性無餘欠,所謂有餘皆分外也。享太牢,登春臺,則所得皆分外矣。故次等級在下以有餘。

衆人務學,曰益見聞,故有餘也。

而我獨若遺。

馬巨濟曰:若遺不足之意非誠真實遺也,以不足愛吝愛惜吝嗇爲懷念思而已,不學者所謂誠遺也。至人非不學,蓋緣俗學滋蔓,特可以絶救爾。

絶學體道,損其見聞,所謂爲道日損也。

我愚人之心也哉! 純純兮!

馬巨濟曰:此屬我獨若遺爲義。衆人務學作智,我獨絶焉,則愚淳樸真質之態人而已。純純誠摯貌,則雖愚不愚。莊

---

① 乘乘,一作"儽儽",即磊磊,落落不群,無所依傍。

子曰:"純也者,謂其不虧其神。"《莊子·刻意》

愚,不智也。純,不雜也。學不厭智也,絕學則去智而如愚,所謂大智若愚。

俗人昭昭,我獨若昏;俗人察察,我獨悶悶。

《纂微》曰:察察,嚴明也。悶悶,寬裕也。夫世俗因學爲政,制度嚴明,立法苛急_{苛刻急切},矜持_{造作也}有爲者,故民不聊生矣。是以至人體天法道,因循任物,在宥天下寬裕昧昧_{昏暗貌}者,故民乃全其真矣。莊子曰"至道之極,昏昏默默_{杳冥深遠},昏默玄絕"《莊子·在宥》,此之謂也。《道德真經藏室纂微篇》卷三

小明爲昭,不明爲昏。察察,苛細也,悶悶,寬大也。流俗之人,務學作智,察見細微,智料隱匿,以爲昭昭_{光耀自炫}之明。昭者,非大明也。絕學之人,體道去智,物我兼忘,不生分別,故若昏也。昏者,非性昏也,若_{如,好像}之而已。推昭昭之意以從政,則察察然苛細矣。所謂人太察則無徒_{朋伴也},推若昏之意以從政,則悶悶然寬大矣。所謂"常寬容於物,不削_{侵削}於人也"《莊子·天下》。

忽若晦,寂兮似無所止。

御注:淵靜而性定,道之全體。變動而不失,道之利用。《宋徽宗御解道德真經》卷一

衆人皆有以,我獨頑似鄙。

御注:"桂_{桂樹}可食,故伐之;漆_{油漆樹}可用,故割之。人

皆知有用之用，而莫知無用之用。"《莊子·人間世》眾人皆有
以用，是謂有用之用，我獨頑似鄙愚陋，笨拙，是謂無用之用。
《傳》曰："心不則德義道德信義之經爲頑古者。"《左傳·僖公二
十四年》謂都國都、都城爲美，謂野郊外謂之野爲鄙，頑則不飾智，
鄙則不見美，神人以此不材無用。《宋徽宗御解道德真經》卷一

　　馬巨濟曰：以，用也。眾人之學，求用於世，所謂有用
之用也。亦安知絕學之無用爲真有用哉，頑似鄙是也。蓋
昭昭察察，則本末的然明顯貌，非於無用者也。故次之以有，
以頑，無用也，鄙野也，似野人不學，無用故也。

我獨異於人，而貴求食於母。

　　馬巨濟曰：此結成上文嬰兒未孩之義。嬰兒以母喻道
爲本，未孩則食其本，既已經孩則食其末。夫道本也，學末
也。人食末，我食本，此其所以異也。然聖人不尚異而獨
異者。此篇主絕學爲辭，方正好、正當俗學之溺如此，則非異
俗無以救俗故也。

　　此章主絕學爲言。篇中句句皆有絕學之意，若不絕
學，則聞見之多，以博溺心，於道爲塵。故篇終又言貴食於
母，蓋母者道也。惟絕學則養道，此有道者，所以異於俗
也。

卷之四

孔德之容章第二十一

孔德之容，唯道是從。

御注：一陰一陽之謂道，物得以生之謂德①。道常無名，豈可形容描摹、描述，所以神以孔（大）傳神其德。德有方有體具體之形態規定，同與道同焉皆得，所以顯道道無形以德顯。性修反德，德至同於初本來，故唯道是從。《宋徽宗御解道德真經》卷二

《纂微》曰：道常無名，唯德以顯之。至德無本，順道而成之。言大德之人，容運作，樣態狀若於諸相事物外在形態，豈可見邪？唯有順遵循道之容，髣髴隱約、依稀是其狀矣。動容舉止儀容周旋交際、應酬中符合禮，盛德之至也。盛德容貌若愚，豈可見邪？唯從事致力於於道之容，略可見矣。故目視耳聽鼻聞口言手持足行，無非道也，故唯道是從。《道德真經藏室纂微

---

① 《管子·心術上》：“德者道之捨，物得以生生。”

篇》卷三

道之爲物，唯恍唯惚。

御注：道體至無，而用乃妙，有所以爲物，然物無非道。恍昏瞶不明，模糊不清者，有象之可況，惚模糊不清者，有數之可推尋求、推算。而所謂有者，疑於無也似有若無，故曰“道之爲物”。《宋徽宗御解道德真經》卷二

顧歡曰：欲言定確鑿有，而無色無聲。言其定無，而有信有精小而微。以其體不可定，故曰“唯恍唯惚”。如此觀察，名爲從順於道，所以得。

馬巨濟曰：無若有曰恍，有若無曰惚，此即道之物也。道以恍惚無物，則復歸於無物矣，所謂不可容者也。

王元澤曰：道兼陰陽，陰陽之微，若無若有，謂之恍惚。

惚兮恍，其中有象；恍兮惚，其中有物。

御注：“見乃謂之象像此者”《易·繫辭》，形乃謂之物。恍惚之中，象物斯具，猶如太空天地之間變爲雷風，猶如大塊自然之稱化爲水火，以成成就變化，以行運行鬼神①，是謂道妙。《宋徽宗御解道德真經》卷二

---

① 張載《正蒙·太和篇》曰：“鬼神者，二氣之良能也。愚謂以二氣言，則鬼者陰之靈也，神者陽之靈也。以一氣言，則至而神者爲神，反而歸者爲鬼，其實一物而已。”《朱子語類》卷三：“鬼神只是氣，屈伸往來者氣也。”

杳兮冥,其中有精;

御注:杳者,幽_幽暗之極。"冥者,明_{光明}之藏。"《太玄·玄文》杳冥之中,至陰_陰之極致原_{通"源"},而天一所兆_{天一生水,水生精},精實生焉。《宋徽宗御解道德真經》卷二

其精甚真,其中有信。

王元澤曰:精者,形生之始。精無不真,而更云甚_極真者,由物有失理喪精,沉_沉溺於人偽_{虛假不真故也}。杳冥之精,萬物作類_{種類},而物之生者,各正性命度數_{規則法象事物之總稱},一有儀則_{規則},可以前知,無或有差舛_{差錯},此之謂信。莊子曰:"未形_{形質}有分_{受氣以有素分}。"《莊子·天地》精者,天德之至,真則不偽,信則不差。

自古及今,其名不去,

河上公曰:自,從也。從古至今,道常在不去。《道德真經注》卷二

王元澤曰:常道常名,未嘗變易。

馬巨濟曰:萬物變化,名號隨易_{變換}。昔日爲是,今日爲非,在古今以獨存者,道而已。

以閱衆甫。

王弼曰:衆甫①,物之始也。以無名閱萬物始也。《道德

---

① 衆甫,一爲"衆父",言萬物之本,故曰父,猶以母喻道。

真經注》卷二

　　閱，披閱也。甫，本始也。言道常住，故能遍閱萬物之本始。閱如閱人多矣之閱。

**　　吾何以知衆甫之然哉？以此。**

　　蘇子由曰：聖人所以知萬物之所以然者，能體道而不去故也。《道德真經注》卷二

　　《纂微》曰：閱，度也，又披閱也。甫，本始也。夫道，上自往古，下及來今，湛然常在，何曾去爾。形雖不見，名且在焉，以喻至人得道長年_{時間長}，故能閱度萬物之本始，知萬物皆始於道，而披閱之，以成其形質也。然又設問我何以知萬物皆資稟_{稟賦}於道，生死終始之然哉？答以道之恍惚，杳冥常在不去，故能應變爲治，清净無爲而已。度閱萬物之遷移，未有不資稟於道者以此也。《道德真經藏室纂微篇》卷三

　　此章言盛德容貌若愚，從道則容狀可見。道之爲物，恍惚難名，杳冥莫測，體之者長存而不去，故能閱度衆甫之變，以知其所以然。

曲則全章第二十二

**　　曲則全，**

　　王弼曰：不自見其明則全。《道德真經注》卷二

　　車惠弼曰：此是行言能却退曲_{委曲}，柔和温_{順、温和}，逶迤_順

應自得貌順物。物無損害，内保己身性命完全。

委曲從衆不自專—任己意，獨斷獨行，故全其形，生而不虧。莊子曰："外外形曲者，與人他人爲徒同類。"《莊子·人間世》

枉則直，

王弼曰：不自是則其是彰彰顯也。《道德真經注》卷二

枉，屈也。受彼屈辱而伸伸展，人久久自得直也。《經》云："大直若屈。"《道德經》四十五章如藺相如戰國時趙國大臣屈於廉頗戰國時趙將是也。枉曲不異，何以再言。蓋自屈爲曲，曲之自然自己如此也；受屈爲枉，曲之使然使之如此也。保生爲全，正曲爲直，自曲則其生可保，受彼屈則被曲可正。

窪則盈，

河上公曰：地窪凹陷下，水流一做"歸"之；人謙下，德歸之。《道德真經注》卷二

王弼曰：不自伐自尊自大，則其功有也。《道德真經注》卷二

弊則新，

王弼曰：不自矜自尊自大則其德長。《道德真經注》卷二

王元澤曰：非秋冬之凋弊，無春夏之榮華。

少則得，

蘇子由曰：道一而已，得一則無不得矣。《道德真經注》卷二

一者，少之極也。守一足以該具備、完備萬事。

多則惑。

御注:道要簡要不煩繁瑣、雜多,聞見之多,不如其約簡要
也。以支支離爲指歸趣,則終身不解,兹爲大惑。《宋徽宗御解道
德真經》卷二

呂吉甫曰:能知衆甫之然,則能抱一至柔。抱一至柔,
則能曲、能枉、能窪、能弊矣。曲者曲之自然者也,枉者曲
之使然者也。天下之物,唯水爲幾於道,一西一東隨順萬物不
定貌,而物莫之能傷,是曲則全也。避礙萬折曲折而必東東
流,枉則直也。善下而百谷泉出通川謂谷,即百川歸之,是窪則盈
也。受天下之垢莫清潔淨焉,是弊則新也。惟得一者爲足
以與此,故曰"少則得"。衆人所以不能然者,以其不一故
也,故曰"多則惑"。《道德真經傳》卷二

多,數之不一也。多則擾學,多則惑性。列子曰:"學
者以多方學識淵博喪生。"《列子·說符》

是以聖人抱一,爲天下式。

御注:爲物不貳,則其生物不測,惟天下之至精,能爲
合天下之至神。聖人抱一以守,不搖動搖其精,故言而爲天
下道,動而爲天下則範式。《宋徽宗御解道德真經》卷二

一者,精也。式者,法也。一者多宗尊崇,多以一爲宗,聖
人以少得天下,多則惑。聖人抱一而不離於精,天下棄多
而歸一,故爲天下法式。

不自見故明,

御注:不蔽於一己之見,則無所不燭照、明,故明。《宋徽宗
御解道德真經》卷二

虞舜明四目①以廣闊其所視,可謂不自見也。至於"明
識其理於庶物,察盡其理之詳於人倫"《孟子·離婁下》,茲非明乎?
成王②疏通通達明達開達開通,無遏止爾躬親自、親身,可謂不自
見也。至於介爾昭明顯明、顯著,而昭明有融長久,茲非明乎?

不自是故彰,

御注:不私於一己之是,而惟是之從,則功大名顯,而
天下服,故彰。《宋徽宗御解道德真經》卷二

吕吉甫曰:因因順天下之所是而是之,而我不自是也,
則所是莫之能盡,故曰"不自是故彰"。《道德真經傳》卷二

不自伐故有功,

御注:《書》曰:"汝惟不伐,天下莫與汝争功。"《尚書·大
禹謨》。《宋徽宗御解道德真經》卷二

舒王曰:不自伐則善不喪,故有功。

---

① 四目,傳説中舜爲重瞳者,故曰四目。

② 周成王(前?—前1021),名誦,武王之子,西周國王,前1042年至前
1021年在位。

不自矜故長。

御注：《書》曰："汝惟不矜，天下莫與汝争能。"《尚書・大禹謨》

呂吉甫曰：任萬物以能_{才能}，而我不自矜也，故長。《道德真經傳》卷二

夫惟不争，故天下莫能與之争。

御注：人皆取先，己獨處後，曰"受天下之垢"。若是者，常處於不争之地，孰能與之争乎？《宋徽宗御解道德真經》卷二

蘇子由曰：忘我則不争。不自是、不自見、不自伐、不自矜，皆不争之餘_{次要}之事也，故以不争終之。《道德真經注》卷二

古之所謂曲則全者，豈虛言哉！

河上公曰：古者曲從則全身，此言非虛。《道德真經注》卷二

誠全而歸之。

御注：聖人其動若水以交物，而不虧其全。其應若繩以順理，而不失其直。知窪之爲盈，無亢高、極滿之累；知弊之爲新，無夸耀之迹。若性之自爲而不知爲之者，致曲而已。故全而歸之，可以保身，可以盡年，而不知其盡也，是謂全德之人，豈虛言哉！《宋徽宗御解道德真經》卷二

鍾會曰：誠能守曲，全必歸之。

此章之義，養生之旨也。其要在乎忘我，惟忘我，故委

曲以應變,而不自恃一己之見。枉己而伸人,而不私一己
之道。知窪之爲盈,無自伐之心;知弊之爲新,無自矜之
行。若性之自爲而不知爲之者,致曲以全,其形生而已,故
終始以曲,則全言之。

希言自然章第二十三

希言自然。

顧歡曰:希,少也。人能愛氣少言,則行合自然。

《纂微》曰:夫至人有問即應,接物即言,動静以時,故
合於自然。《道德真經藏室纂微篇》卷四

陸佃曰:夫物莫能使之然,亦莫能使之不然者,謂之自
然。

飄風不終朝,驟雨不終日。

王元澤曰:風雨者,陰陽交感所爲。飄_{狂疾}驟_{急暴}者,交
感之過_{超出、勝過},所以不能久也。

飄風,疾風也;驟雨,暴雨也。從旦至晡_{申時,即午後三時至}
_{五時}爲終朝_{整天},自早及暮爲終日。飄風驟雨,氣之暴戾_{粗暴}
_{乖戾},非出於常然也。故雖天地爲之,尚不能有終朝終日之
久。人之言不出於自然,則多言數_{通"速"}窮_{敗亡},宜矣。

孰爲此者? 天地。天地尚不能久,而况於人乎?

御注:天地之造萬物,風以散_{分布、散布}之,委衆形之自

化;而雨以潤滋潤,沾惠之,任萬物之自滋益也,指自然繁育。故不益生,不勸勉、進成,而萬物自遂完成、成就於天地之間。所以長且久也。飄驟則陰陽有繆戾錯亂之患,必或使致使之,而物被其害,故不能久。《宋徽宗御解道德真經》卷二

風雨者,陰陽交感所爲。飄驟者,交感之過。天地之大猶不能久,況人處天地之間,眇乎小哉?爲於多言,速滅可知。

故從事於道者,

王弼曰:從事,謂舉動從事於道者也。道以無形無爲成濟萬物。從事於道者,以無爲爲君①,不言爲教,綿綿若存,而物得其真,與道同體,故曰"同於道"。《道德真經注》卷二

道者同於道,

河上公曰:道者,謂好道之人。同於道,所謂與道同。《道德真經注》卷二

德者同於德,

河上公曰:德者,謂有德之人。同於德,所謂與德同。《道德真經注》卷二

失者同於失。

蔡子晃曰:有爲躁競急於進取而爭競,執執著教政教生迷,名爲失失道、失德。既爲同失與失同,不能虛心冥會,而言道失

---

① 依蔣錫昌先生考,"君"當爲"居",以與王弼後文相符。居:處,安。

者,獨失道也。

自然之謂道,從事於道者,悟道忘言,所謂與道同;得道之謂德,德者希言,所謂與德同;失道之謂失,失者多言,所謂與失同。

同於道者,道亦得之;同於德者,德亦得之;同於失者,失亦得之。

河上公曰:與道同者,道亦樂得之;與德同者,德亦樂得之;與失同者,失亦樂得之。[①]《道德真經注》卷二

信不足,有不信。

鍾會曰:我信不足於道,道亦不信應我,所以兩相失。只是同於道者,道得之;信於道者,道信之;同於失者,道失之。信不足,有不信也。

此章以希言爲主,希言則以道而言也。道偶_{對合}而應,故合自然。故下文云同於道者,道亦得之;同於失者,失亦得之。觀其失得之本,皆言之希與多爾。多言之人,外則招愆_{罪過、過失},內則耗氣,人欲長久,希言內守_{守氣}之不離。

---

① 本段意爲道隨物所行而應之。

跂者不立章第二十四

跂者不立，跨者不行，

御注：跂而欲立，跨_{躍、越}闊步而行而欲行，違性之常，而冀_{希望、期望}形之適，難矣。以德爲循_{行順}，則有足者皆至。《宋徽宗御解道德真經》卷二

跂者急於有立，跨者急於有行，皆非行立之常也，則不能久。故雖立不立，雖行不行。立身行道之人，不可欲速，順其常然，則身立而道行。

自見者不明，

舒王曰：自見者不明。則前所謂不自見者乃能無所不見。

自是者不彰，

河上公曰：自以爲是而非人者，衆共蔽之，使不彰顯也。《道德真經注》卷二

自伐者無功，

顧歡曰：興功_{建立功業}濟物_{成濟萬物}，而自取其名_{名譽、功名}，名既屬己，則功不在物。

自矜者不長。

郭象曰：矜夸自恃，不解_{理解、懂得}忘功，衆所不與，故不

長也。

其於道也,曰餘食贅行。

御注:自見則智不足以周遍物,故不明;自是則仁不足以同衆,故不彰;有其善喪厥他人善,故無功;矜其能喪厥功,故不長。道之所在,以深爲根,以約爲紀要領、法則,泰驕縱色淫過度、放縱志,豈道也哉? 故於食爲餘棄餘之食,於行通"形"爲贅疣贅。《宋徽宗御解道德真經》卷二

道固無我,無我則不爭。夫自是、自伐、自矜者,亦非其常也,故其於道也,爲餘食贅行而已。食飽則已,有餘則病;形完則已,有贅則累。

物或惡之,故有道者不處。

御注:侈於性則盈,天之所虧氣損,凡損皆曰虧,地之所變,人之所惡也,故有道者不處。《宋徽宗御解道德真經》卷二

此章言立身行道,不適其常,而急於行立,故終不能行立。其自見等行,亦非其常也,故於道爲餘食贅行而已。物或惡之,故有道者不居。

有物混成章第二十五

有物混成,先天地生,

御注:氣形質具而未相離曰渾淪,合於渾淪則其成不

虧。《易》所謂太極①者是也。天地亦待是而後生，故云先天地生。然有生也，而非不生之妙，故謂之物。《宋徽宗御解道德真經》卷二

羅什②曰：妙理精微之理常存，名爲有物。萬道不能分，故曰"混成"。

寂兮寥兮，

河上公曰：寂者，無音聲。寥者，空無形。《道德真經注》卷二

舒王曰：寂者，止也。寥者，遠也。

寂無遺響餘音，太空寥廓廣遠。

獨立而不改，

溫公曰：無與之匹對等、匹偶，故曰獨立。變化終不失其常，故曰不改。《道德真經論》卷二

鍾會曰：廓然空寂貌無偶，故云獨立。古今常一，是曰不改。

道之真體，卓然獨立，不與物偶，歷萬世而無弊，亙古今而常存。

---

① 太極，中國哲學核心概念，這裡指本源。

② 鳩摩羅什（約344—413），後秦著名僧人，中國四大佛經翻譯家之一，原籍印度。著有《實相論》二卷，已佚。此外，有《大乘大義章》和《通三世論》一篇。

周行而不殆，

御注：利用出入往來不窮，言道之用。《宋徽宗御解道德真經》卷二

鍾會曰：道無不在，名曰周行。所在皆通，故無危殆。

道之妙用，無乎不在，靡無不周遍，未始有極。《易》曰："變動不居，周流六虛①。"《易·繫辭》

可以爲天下母。

御注：萬物恃之以生。《宋徽宗御解道德真經》卷二

車惠弼曰：同化陰陽與陰陽同化育，安立安置天地，亭毒養育、化育群品眾多，子育養育如己子含靈內蘊靈性者，生之畜養育之，可以爲母。

吾不知其名，字之曰道，

河上公曰：我不見道之形容，不知當何以名命名，見萬物皆從道生，故字②之曰道。《道德真經注》卷二

强爲之名曰大。

唐明皇曰：吾見有物生成，隱隱蔽、潛藏無名氏道之無名，故

---

①　孔穎達《周易正義·繫辭下》疏曰："'變動不居'者，言陰陽六爻，更互變動，不恒居一體也。……'周流六虛'者，言陰陽周遍，流動在六位之虛。六位言'虛'者，位本無體，因爻始見，故稱'虛'也。"

②　字，王弼《道德經注》曰"字以稱可"，即對物有所肯定之稱號。

以通生通達而生表其德，字之曰道取其可言之稱最大，以包含無。其體強强盛、勢大，名曰大道無邊際，無所不包。《唐玄宗御注道德真經》卷二

吕吉甫曰：道之爲物，用之則彌滿充滿、布滿太虛宇宙，而廢之莫知其所所歸、所居，則大豈足以名之哉？强爲之名而已。《道德真經傳》卷二

大曰逝，

御注：運轉動、運行而不留止，故曰逝。《宋徽宗御解道德真經》卷二

顧歡曰：逝，往也。諸物雖大，大有極盡頭住停步。此道之大，往行無際，本無住法①盡之處。

舒王曰：大者，雖六合天地四方之外，而不能逃其粗；毫末毫毛末端之小，不能遺其細，故大曰逝。

逝曰遠，

御注：應而不窮窮極，故曰遠。《宋徽宗御解道德真經》卷二

孫登曰：萬物逝行，皆有停性之處。此道逝行，尋之彌遠，莫究其源。

遠曰反。

舒王曰：遠之極則反於樸矣。故遠曰反。反者，反於本也。用之彌滿六虛，故曰遠；近則不離己身，故曰反。

---

① 住法，佛教語，即有爲法，因有住故。

遠者,出於無極之外不窮也。近在於已,人不見之。

故道大,天大,地大,王亦大。

御注:道覆載天地者也。天無不覆,地無不載,王者位天地之中,而與天地參 sān,與天地并列爲三,故亦大。《宋徽宗御解道德真經》卷二

道覆萬物者也。包裹天地,至大無外,故曰"道大"。天地者,形之大。天至廣不可度揣測,估計,地至大不可量,故曰"天大,地大"。"普天之下,莫非王土;率土之濱,莫非王臣。"《詩經·北山》德配天地,道通三才天地人,莫大於帝王,故曰"王亦大"。

域中有四大,而王居其一焉。

御注:自道而降,則有方體,故云域界限中宇宙之中静而聖動。而王能貫三才而通之,人道於是爲至,故與道同體,與天地同功,而同謂之大。王者,人道之極也。《宋徽宗御解道德真經》卷二

夫道未始有封,而此言域中者,謂雖域不域,包裹無外無所不包也。

人法地,地法天,天法道,道法自然。

舒王曰:人法地,王亦大是也;地法天,地大是也;天法道,天大是也;道法自然,道大是也。蓋自然者,猶免乎有因有緣矣。非因非緣,亦非自然。然道之自然,自學者觀之,則所謂妙矣。由老子觀之,則未脱乎因緣矣。然老

子非不盡妙之妙要其言,且以盡法爲法,故曰"道法自然"。

人謂王也。人法地之安静,故無爲而天下功。地法天之無爲,故不長而萬物育。天法道之自然,故不産而萬物化。道則自本自根,未有天地,自古以固存,無所法也。無法者,自然而已,故曰"道法自然"。

此章言混成之道,先天地生,其體則卓然獨立,其用則周流六虛,不可稱道,強以大名。雖二儀陰陽之高厚,王者之至尊,咸法於道。夫道者,自本自根,無所因而自然也。

重爲輕根章第二十六

重爲輕根,静爲躁君,

河上公曰:人君不重行動莊重則不尊高,與"卑"相對,治身不重慎重、謹慎則失神。草木花葉輕,故零落。根重,故長存。人君不静則失威,治身不静則身危。龍静則能變化,虎躁故乃夭虧。《道德真經注》卷二

吕吉甫曰:輕者先感,重者後應。應者,感之所自生,則重爲輕之根矣。静者役物,躁者役於物。躁常爲静之所役,則静爲躁之君矣。《道德真經傳》卷二

劉仲平曰:輕生於重,故重爲輕根。躁起於静,故静爲躁君。

是以君子終日行不離輜重。雖有榮觀，燕處超然，

御注：榮豪華、高大觀臺觀、樓觀在物，燕安逸處居室在身，身安然後物可樂快樂、享受。《宋徽宗御解道德真經》卷二

行以輕爲速，然不可以無輜重軍中裝載器物糧食之車。觀以躁浮躁爲榮，然不可以無燕處。有輜重之物，而不困於中道道路中央，然後可以有行。有燕處之宇屋邊，指房屋，而超然自得超脱世事，自我滿足，然後可以有觀。夫何故？重爲輕根，靜爲躁君故也。

奈何萬乘之主，而以身輕天下？

吕吉甫曰：終日之行，與其榮觀，猶且如此，況乎萬乘之主大國之君，任重道遠，以觀天下，其可不靜且重乎？蓋迫而後動，感而後應，不得已而後起，則重矣。無爲焉，則靜矣。苟其動常在於得未得已已得之際，而不能無爲，則是以身輕天下而不重，不重則躁，而不靜矣。《道德真經傳》卷二

陸佃曰：天下者，人君之輜重，而亦人君之燕處，不可以離者，故曰"奈何萬乘之主，而以身輕天下"。

輕則失臣，躁則失君。

御注：不重則不威，故失臣①。不唱而和，則犯分僭越等

---

① 《老子校釋》二十六章引俞樾語曰："蓋此章首云：'重爲輕根，靜爲躁君。'故終之曰：'輕則失根，躁則失君。'言不重則無根，不靜則無君也。"俞樾之考可從之，當改"臣"爲"根"，以與首句相應。

級名分，故失君爲君之道。《宋徽宗御解道德真經》卷二

　　陸佃曰：重者君之德，静貞静者臣之道。

　　松靈仙曰：心若動亂，即損於妙神，神即君也。

　　此章戒人君以重静爲本。天下者，人君之重静也，豈
可以一身輕之。修真之士亦以重静爲本，重其身而不以物
累形，静其心而不以物亂神。形全神定，是道之全矣。

善行章第二十七

善行無轍迹，

　　舒王曰：善行順自然而行不疾而速，不行而至是也，故無
轍軌迹迹足迹。

　　盧裕曰：順道而行，迹不殊物，故無轍迹。

　　鍾會曰：善行道者，功名不顯。

　　蘇子由曰：乘理而行無迹。《道德真經注》卷二

　　車行則有轍，徒行則有迹，則行固不能無轍迹也。善
行道者，求之於身不出户庭，行出於不行，故無轍迹，所謂
不行而至也。

善言無瑕讁，

杜光庭^①曰：善言善於行不言之教者，得意妙理忘言言説也。故無瑕疵之病，讁罰，責責之過。《道德真經廣聖義》卷二十三

呂吉甫曰：知通"智"者不言，言者不知，則言固不能無瑕讁者也。知言之所以言，則言出於不言，故曰"善言無瑕讁"。《道德真經傳》卷二

---

① 杜光庭（850—933），字聖賓（一作賓聖），號廣成先生、傳真天師，處州縉云（今屬浙江）人，一作長安（今陝西西安）人，唐末五代道士。其編《金籙齋啓壇儀》一卷、《太上黄籙齋儀》五十八卷、《太上靈寶玉匱明真齋懺方儀》一卷、《太上靈寶玉匱明真大齋懺方儀》一卷、《太上靈寶玉匱明真大齋言功儀》一卷、《太上洞淵三昧神咒齋懺謝儀》一卷、《太上洞淵三昧神咒齋清旦行道儀》一卷、《太上洞淵三昧神咒齋十方懺儀》一卷，均收録於《正統道藏》洞玄部威儀類。其撰《道教靈驗記》十五卷、《録異記》八卷、《神仙感遇記》五卷、《歷代崇道記》一卷、《洞天福地嶽瀆名山記》一卷，均收録於《正統道藏》洞玄部記傳類。其撰《廣成集》十七卷、《太上宣慈助化章》五卷，均收録於《正統道藏》洞玄部表奏類。其撰《道德真經廣聖義》五十卷、《太上老君説常清静經注》一卷，均收録於《正統道藏》洞神部玉訣類。其撰《墉城集仙録》六卷，收録於《正統道藏》洞神部譜録類。其編《太上三五正一盟威閲籙醮儀》一卷、《太上正一閲籙儀》一卷、《洞神三皇七十二君齋方懺儀》一卷、《太上洞神太元河圖三元仰謝儀》一卷、《太上三洞傳授道德經紫虛籙拜表儀》一卷，均收録於《正統道藏》洞神部威儀類。其撰《天壇王屋山聖迹記》一卷，收録於《正統道藏》洞神部記傳類。

善計不用籌算，

御注：通於一而萬事畢，況非數_{計算}者乎。故不用籌算_{古時計數工具}而萬殊之變，若數一二。《宋徽宗御解道德真經》卷二

善閉無關楗而不可開，

舒王曰：善閉者，萬物不得其門而入，故無關楗_{jiàn,栓梢}而不可開。

溫公曰："固_{堅固，穩固}國不以山谿_{xī,同"傒"}之險。"《孟子·公孫丑下》。《道德真經論》卷二

九竅①者，精神之門也。善閉_{河上公曰"以道閉情欲"}者，精神內守而不以外耗。內雖無關楗，其可開乎？

善結無繩約而不可解。

顧歡曰：結_{締也，建立某種連帶關係}之以道，雖無繩而自固；結之以物，雖有約_{繩索}而不堅。故以威_{威勢}約人，雖三軍_{上中下三軍，後泛指軍隊}而可離；以道結志_{志向}，雖匹夫而難奪。

溫公曰："域民不以封疆之界。"《孟子·公孫丑下》。《道德真經論》卷二

杜光庭曰：善修行之人，萬慮_{思緒萬端}都忘，一念不二_{精神專一}，靜契於道，與真合同。萬緣不能侵，諸見_{見解、見識}不能誘，此之謂善結，其可解乎？《道德真經廣聖義》卷二十三

---

① 九竅，人體九孔竅。《周禮·天宮·疾醫》注云："陽竅七，陰竅二。"陽竅指眼、耳、鼻、口，陰竅爲排泄器官。

是以聖人常善救人，故無棄人；

蔡子晃曰：利利益物爲善。弘通"宏"，大濟①曰："救救群生衆生於十方佛教語，東南西北及四維上下，即到之本土故土。"②運善常以冥暗中、默默被覆蓋，惠澤均平，含生一切有生命者蒙益，反流復其本會合道。

庶頑讒説衆頑愚讒説之人，帝舜教之而弗棄。空空虚心鄙夫鄙賤之夫，宣聖孔子叩發動兩端猶言兩頭而竭竭盡所知。

常善救物，故無棄物，

御注：善者道之繼冥乎？道則無善之可名。善名立則道出而善世爲善於世而不自伐其功，聖人體道以濟成就天下，故有此五善即善行、言、閉、計、結。而至於人物無棄，然聖人所以愛人利物，而物遂其生，人樂其性者，非意有意爲之之也。反一無迹，因其常然而已。世喪道矣，天下舉皆、全失其恬恢寂常之性，而日淪乎憂患之域，非聖人其孰能救之？《宋徽宗御解道德真經》卷二

《新説》曰：萬物有成理萬物生成，咸資道理，固有拂去、拭、除其理而逆之者；萬物有常性，固有戾乖背其性而梏桎梏之者；萬物有正命，固有違離、背其命而絕斷、滅之者。聖人惻然哀憐

---

① 濟，救濟，救度。能遮一切大苦災横，救度一切。

② 《注維摩詰經》卷第四，僧肇曰："未若會群生於十方而即之本土。"此於僧肇，而弘濟則非後世如清源行思（《佛祖統紀》卷四十曰："二十八年，吉州清源行思禪師坐亡，師得法於六祖，僖宗朝追諡弘濟禪師歸真之塔。"）等僧人，應指廣度救人之辭。

貌,於是惟其所寶之慈以濟之。因其悖於理也,發其塞而通
之;因其戾於性也,除其害而若_{順從}之;因其違於命也,繼其
絕而復之。

是謂襲明。

御注:襲_承,猶"因"者,非表_{外面}而出之。襲明則光明矣而
不耀_{照耀}。《宋徽宗御解道德真經》卷二

呂吉甫曰:彼其五者,性命之理所同然者也。惟聖人
以知常之明,而救之於所同然之際,雖行之、言之、計之、閉
之、約之,而莫知其所以然,則明襲而不可得見,故曰"是謂
襲明_{因順常道}"。《道德真經傳》卷二

故善人,不善人之師;不善人,善人之資。

御注:資_{取資}、借資以言其利,有不善人也,然後知善之爲
利。《宋徽宗御解道德真經》卷二

舒王曰:善人教不善人者也,故善人,不善人之師_{舉善以}
_{濟不善}。無不善_{不以善棄不善},則不知善之爲善,故不善人,善
人之資。

不貴其師,不愛其資,

蘇子由曰:聖人無心於教,故不愛其資;天下_{百姓}無心
於學,故不貴其師。聖人非獨吾忘天下,亦使天下忘我故
也。《道德真經注》卷二

"列子師老商氏_{相傳爲列子師},友伯高_{列子友}"《列子·黃帝》,
而得風仙_{列子得風仙之道}。九年之後,"亦不知夫子_{指老商氏之}

爲我師，若人指伯高之爲我友，内外進矣"《列子·黄帝》，此不貴
其師也。孔子見太公老者之稱任人名，然後辭辭退其交游朋友，
去捨棄其弟子典出《莊子·山木》，此不愛其資也。

雖知大迷，是謂要妙。

御注：道之要妙精要玄妙，不睹衆善，無所用智，"七聖①
皆迷，無所問塗道"《莊子·徐無鬼》，義協合於此。《宋徽宗御解道
德真經》卷二

李畋曰：此章言聖人密用惟微，形朕徵兆，行迹莫睹見，雖
云常善，妙在兼忘，故能言教。所不詮釋言曰詮巧歷，無由
筭，由是好師資爲漸修之路，絶貴愛入頓悟之門，契彼襲
明，救其萬物。

---

① 七聖，黄帝、方明、昌寓、張若、諧朋、昆閽、滑稽。

卷之五

知其雄章第二十八

知其雄，守其雌，

杜光庭曰：上清_{上清派道法}有雌_{雌喻柔静，謙下一内煉名詞，指存}想中之神真之道，又有三奔_{奔日術、奔月術、奔辰術}五雌_{上清道法之}法，皆柔弱其志，和静其神，以致長生也。《道德真經廣聖義》卷二十四

爲天下谿。

王元澤曰：谿以下資_{蓄積}納_{容納}流_{河流通}，守雌則能以虚静受一切法，而不滯於物，故曰"爲天下谿"。

雄動雌静，至人知其動而不逐於動，常守静而不離於真，則以静爲下。道來歸己如水流入深谿，故爲天下谿。

爲天下谿，常德不離，

吕吉甫曰：谿之爲物，受於谷而輸_{委輸}於江海，受之而

不拒,輸之而不積,物之能通而無连違反、違背者也,能通則常德不離矣。《道德真經傳》卷二

王元澤曰:常德分定而不遷,道之在我者也。不離者一於性,分內而不外。

復歸於嬰兒。

王元澤曰:嬰兒含和守一,欲慮不萌,性之本真,渾而未散,德厚之至,乃同於初。若然者可名於大矣。孟子曰:"大人通達萬變不失其赤子之心純一無偽。"《孟子·離婁下》

雌主柔静。嬰兒骨弱筋柔,其氣不暴露於外,欲慮未萌,其德不遷,所謂含德之厚,比於赤子也。

知其白,守其黑,

王元澤曰:黑者,北方之色,静不足以言之。聖人建一切法,非守黑則無以爲本相,彼春夏發於玄冬,此其驗也。

爲天下式。

吕吉甫曰:白於色爲受采同"彩",彩色,於物爲明,於行五行爲金,於數爲四。黑於色爲不受染,於物爲晦,於行爲水,於數爲一。知白守黑,不受萬物之染。若晦若水,終之於抱一,抱一則能曲能枉,能窪能弊,故可以爲天下式。《道德真經傳》卷二

白者明白也,於物不染。黑者默默也,於數爲一。至人知其明白而默默守一,天下是則是效爲之法,故爲天下法式。

爲天下式，常德不忒，

吕吉甫曰：爲天下式，無往而非一，則常德不忒矣。不離者，不離其故處而已，而未必能不忒，不忒則不差矣。《道德真經傳》卷二

復歸於無極。

吕吉甫曰：嬰兒之爲物，專氣致柔，不失其一體之和而已。復歸於無極，則嬰兒不足以言之也。《道德真經傳》卷二

羅什曰：忒謂爽_{差錯}、失誤失也。若能去智守愚，動與機合，德行相應，爲物楷式，顯則成行，隱復歸道，道本不窮，故成無極。一是智慧無極，二是慧命①無極。

知其榮，守其辱，

杜光庭曰：榮，尊榮也。辱，卑辱也。人君富有八極_{八方之極}，言其遠，君臨九圍_{九州}，是尊榮也。自稱孤、寡、不轂_{不善}，是卑辱也。《道德真經廣聖義》卷二十四

爲天下谷。

舒王曰：知其榮，守其辱，則守之以謙虛而善應，故爲天下谷。

爲天下谷，常德乃足，

劉仲平曰：谷者，能虛能應，能容能受，故常德乃足。

---

① 慧命，指法身以智慧爲生命。如色身必賴飲食長養，而法身必賴智慧長養。

復歸於樸。

蘇子由曰：不知而不爲，不若知而不爲之至也。知雄守雌，知性者也；知白守黑，見性者也；知榮守辱，復性者也。諸妄已盡，處辱而無憾，曠空曠，開闔分如谷之虛，物來而應之，德足於此，純性而無雜，故曰"復歸於樸"。《道德真經注》卷二

松靈仙曰：足，充足也。復者，反歸也。樸者，真本也。始自知雄終乎？守辱三行孝行、友行、順行，既備爲道之要，又如虛谷罄用盡無所容，所以常道上德，於是乃足，故得反歸真空，與道合體，故云復歸於樸。

草木之蕃草茂貌也爲榮，其謝凋謝也爲辱。人之所以爲榮辱者，亦若是而已。至人知榮而不居佔有，去華而歸根，常守卑辱，處衆人之所惡不能累，亦虛而已，故爲天下谷。谷虛而受，應而不藏，德至於此，則至矣、盡矣，不可以有加矣，故曰"常德乃足"。樸者，道之全體，復歸於樸，乃能備道。夫孤、寡、不谷而王公以爲稱，故抱樸而天下賓賓服。復歸於樸，則無極不足以言之，所謂無名之樸也。樸雖小，天下莫能臣使之臣。然則守雌守黑守辱足矣，安用知雄與白與榮哉？蓋守之以爲母，知之以爲子，守之以爲經常，指常行之義理，準則，知之以爲變權變也。

樸散則爲器，

御注："形而上者謂之道，形而下者謂之器。"《易·繫辭》器者，道之散也。有形形容、形體名焉，有分守各守其分焉，隨其

器而用之。《宋徽宗御解道德真經》卷二

　　鍾會曰：樸，道也。守則爲質樸之道，散則爲養人之器。

聖人用之則爲官長，

　　御注：道之全，聖人以治身；道之散，聖人以用天下。有形之可名，有分之可守，故分職_{職掌}率屬_{各率其屬}，而天下理_{治理}，此之謂官長_{百官之長，指君王}。《易》曰："知微知彰，知柔知剛。"《易·繫辭下》萬夫之望_{希望、期望}，與此同義。《宋徽宗御解道德真經》卷二

　　唐明皇曰：含德内融_{融通}則復歸於樸，常德應用則散而爲器，既涉形器，必有精粗，故聖人用之，則爲群材_{萬物}之官長矣。《唐玄宗御注道德真經》卷二

故大制不割。

　　蘇子由曰：聖人既歸於樸，復散樸爲器，以應萬物，譬如人君分政_{分理政事}，以立官長，亦因其勢之自然，雖制_{政治}而非有所割裂也。《道德真經注》卷二

　　曹道冲曰：制度之大者，無裁割之迹①。

　　原此章之義，以常德爲本，若守其常，必以知之爲變也。故知雄守雌而其德不遷，知白守黑而其德不差，知榮守辱而其德乃全，至是則非，特復歸於嬰兒也。無有窮極，

---

　　①　順萬物自然之性，以天下心爲心。

與道同體。夫道亙古今而常存，德與道同，斯可謂之常矣。此道之真以治身也，其餘以用天下，則各因其材而使焉，故曰"大制不割"。

將欲章第二十九

將欲取天下而爲之，吾見其不得已。

臧玄靜①曰：將是方將，欲是輒 zhé，專斷欲，謂人方將輒欲，力取天下，有爲强力而爲治之。

王元澤曰：取者，取物是其有我。爲者，造作是其有爲。有己有爲之人，方且存乎憂患之間，而何暇閑暇治人乎？

蘇子由曰：聖人之有天下，非取之也。萬物歸之，不得已而受之。其治天下，非爲之也，因萬物之自然，而除其害耳。取而爲之，則不可得矣。《道德真經注》卷二

舜避堯之子典出《尚書·堯典》，非所謂力取天下也。無爲而治，非所謂有爲治天下也。

天下神器，不可爲也。

御注：制禁制、受制於形數氣數、命運，囿拘泥於方體，而域於

---

① 臧矜，一作藏矜，又作臧兢、臧靖、臧玄靖，稱"玄靖法師""宗道先生"。南朝梁陳之際人，爲梁武帝時國師，曾爲茅山宗第十代宗師王遠知之師。撰《道學傳》一卷，《道德經疏》四卷。杜光庭《道德真經廣聖義》："孟智周、臧玄靜以道德爲宗。"

覆載天地之兩間，器也。立乎不測，行乎無方，爲之者敗，執之者失，故謂神器①。宰制統轄、支配萬物，役使群動，必有不器者焉，然後天下治。故曰："上必無爲自得此爲，率性而動而用天下自得爾。"《莊子·天道》。《宋徽宗御解道德真經》卷二

　　莊子曰："天根人名游於殷陽殷山之陽，至蓼水水名，越國界內之上，適遭遇無名人而問焉，曰：'請問爲天下。'無名人曰：'去，汝鄙人，何問之不豫悦也。'"《莊子·應帝王》

爲者敗之，執者失之。

　　溫公曰：爲之則傷自然，執之則乖變通。《道德真經論》卷二

　　天下神明之器，不可以力爲而固執之。萬物以自然爲性，故可因而不可爲也，可通而不可執也。物有常性而造爲之，故必敗也。物有往來而執之，故必失矣。

故物或行或隨，或煦或吹，或强或羸，或載或隳。

　　御注：萬物之理，或行或隨從，若日月之往來；或煦②或吹出氣急，若四時之相代；或强或羸羸弱，若五行之王通"旺"，旺盛廢；或載成就或隳huī，毀壞，若草木之開落。役於時而制於數，固未免乎累，惟聖人爲能不累於物，而獨立於萬物之上。獨往獨來是謂獨有，獨有之人是謂至貴，故運神器而有餘裕，物態形狀不齊而吾心常一。《宋徽宗御解道德真經》卷二

---

①　神器，猶神物也，言其至貴重者也，特指國家。

②　煦，吹煦，常指以氣暖物，引申爲愛撫。景龍敦煌本作"嘘"，出氣緩。

欲明爲則敗,執則失,故物或行之於前,必隨之於後,如形影之不捨。或煦之使溫,而不知吹之者已至,如寒暑之相生。知強而已,則羸弱有時而來。知載而成,則墮廢應手而去。此皆造化之大情,朝暮之常態,事勢之相生,不得不然也,則安可以爲而執之哉?

是以聖人去甚,去奢,去泰。

河上公曰:甚_{安樂}謂貪淫聲色,奢謂服飾飲食,泰謂宮室臺榭。去此三者,處中和,行無爲,天下自化矣。《道德真經注》卷二

陸佃曰:聖人之於天下,因之而不爲,任之而不執,是以去甚慈也,去奢儉也,去泰不敢爲天下先也,此三者所以取天下也。①

此章言天下不可以力取,不可以有爲,若容力取,又豈知聖人不得已而臨莅_{君主即位理政}天下乎?治以有爲,又豈知聖人無爲而治天下之道乎?故爲之者必敗,執之者必失,是以聖人知八法②之反復,去三事_{正德、利用、厚生}之過分,治國則歷祚_{年歲}延長,修身則長生久視。

---

① 此與《道德經》六十七章之“三寶”相對而言。

② 八法,周朝治百姓之通法,即官屬、官職、官聯、官常、官成、官法、官刑、官計。

以道佐人主章第三十

以道佐人主者,不以兵强天下,其事好還。

蘇子由曰:聖人用兵皆出於不得已,非不得已而欲以強勝天下,雖或能勝,其禍必還報之。楚靈_{楚靈王}、齊泯_{齊泯王}、秦始皇、漢孝武_{漢武帝},或以殺其身,或以禍其子孫,人之所毒_{痛恨、憎恨},鬼之所疾_{厭惡、憎恨},未有得免者也。《道德真經注》卷二

大臣者,以道事君也。若以兵强_{逞强}天下,是佐主以非其道也。以道佐人主者,尚不以兵强天下,況人主躬於道者乎。所以然者,以其事好還報而已。以道服天下,則天下莫敢不服。若抗_舉兵加彼,則殺人之父者,人亦殺其父,殺人之兄者,人亦殺其兄,所謂出乎爾反乎爾者也。

師之所處,荊棘生焉。大軍之後,必有凶年。

御注:下奪民力_{民衆之人力、物力、財力},故荊棘生焉;上違天時_{時節},故有凶年_{荒年}。《詩》曰:"綏_和萬邦_{各諸侯國},屢_{多次}豐年。"《詩·閔予小子之什》綏萬邦則人和矣,人和則天地之和應。《宋徽宗御解道德真經》卷二

農事廢,田不修,故荊棘生焉。殺戮多,傷和氣,故必有天災。農廢於前,災隨於後,必有凶荒之年。

故善者果而已,不敢以取强。

吕吉甫曰:果_{勝者},尅敵者也。敵而尅之,"造攻_{討伐}自從鳴條_{夏桀所居,即指夏桀},朕哉自亳_{湯之國都}"《尚書·伊訓》,尅敵之謂也。出於不得已,非特以取强也。《道德真經傳》卷二

果者,勝之辭也。成湯_{名履,商朝建立者}勝夏而有慙德_{言行有失而内愧於心之言},歸亳而有臨淵之懼。

果而勿矜,果而勿伐,果而勿驕,果而不得已,是果而勿强。

吕吉甫曰:果_{猶成}而勿矜其能,果而勿伐其功,果而勿驕其勢_{權力},果常出於不得已,是乃果而勿强之道也。如果而矜其能,果而伐其功,果而驕其勢,則是果於强_{逞强},非果於不得已者也。《道德真經傳》卷二

物壯則老,

王元澤曰:盛極則衰,物理必然。古有當此禍者,秦_{秦朝}是也。

物之用壯_{武力},由兵之恃强。物壯則衰,兵强則敗。

是謂不道,

御注:道無終始,不與物化。《宋徽宗御解道德真經》卷二

王元澤曰:體道者,兼萬變而不居一物,故無壯老之意。

不道早已。

呂吉甫曰：凡少則壯，壯則老，物之情也。道也者，貴於守，柔以爲强，乃所以久而不殆者也。若以兵强天下，則是棄柔而用壯，壯而必老，則物而已，豈道之所以物物不爲物用而用於物者哉。故曰"物壯則老，是謂不道不合於道，不道早已早死"。《道德真經傳》卷二

道者，長於上古而不爲老。得道者，能却推辭不受老而全形，老則不道也。亦猶兵强則敗，豈合道乎？既不合道，豈能久存，故曰"早已"。

此章戒人臣以道佐主，不可以兵强天下也。道貴柔服，不用兵强，若以兵强取勝，猶物壯則衰老，豈道也哉？

夫佳兵章第三十一

夫佳兵者，不祥之器。

温公曰：兵兵器愈佳美、好，則害人愈多。《道德真經論》卷二

《纂微》曰：夫好飾修飾戈矛鎧甲以爲服玩服飾器用玩好之物者，是尚不善之器。《道德真經藏室纂微篇》卷五

佳，飾也。祥，善也。佳兵者，堅甲利兵也。兵，凶器也。所以爲不善之器，不當修飾也。

物或惡之，故有道者不處。

御注：吉事有祥。兵，凶器也，故曰"不祥"。兵戢收斂

而時動,有道者耀德不觀觀賞、欣賞兵,故不處據有。《宋徽宗御解
道德真經》卷二

　　舒王曰:佳兵者,堅甲利兵也。兵,凶器也,所以爲不
祥之器。前篇言之已詳,萬物無有不被其凶害者,故惡之。
有道者以慈爲心,故不處。

　　兵者,凶器。動則萬物尚惡,故有道者必無處此。

君子居則貴左,用兵則貴右。

　　顧歡曰:左,陽也,陽道主生,故平居平日、平素則貴之。
右,陰也,陰道主殺,故用兵則貴之。

兵者,不祥之器,非君子之器。

　　御注:左爲陽而主生,右爲陰而司主殺。陽爲德,陰爲
刑,君子貴德而畏刑,故曰"非君子之器"。《宋徽宗御解道德真
經》卷二

　　王元澤曰:君國居君位而御其國以無爲,子民於民如父母愛子
以慈惠,故不尚兵。

不得已而用之,

　　《纂微》曰:"不敢爲主先,不敢先舉兵而爲客採取守勢,不得
已,不敢進寸而退尺"《道德經》六十九章,皆不得已者也。《道德
真經藏室纂微篇》卷五

　　善用兵者,感而後應,迫而後動,常出於不得已也。

恬惔爲上,勝而不美。

　　御注:禁暴救亂,逼而後動,故不得已。無心於勝物,

故曰："恬不歡愉恢 dàn，通行本作"淡"，不濃厚爲上。"無心於勝物，則兵非所樂也，故不美。《宋徽宗御解道德真經》卷二

成玄英曰：恬恢，無爲也。君子心尚無爲，故雖用兵，而不以爲美。

張君相曰：不亂曰恬，夷平和心曰恢。

恬恢者，道也。以道爲上，豈以用兵爲美乎？

而美之者，是樂殺人。

王元澤曰：兵器主於殺伐，而過爲之飾，使美而可覿 dí，顯示，是以殺人爲美也。

若以用兵爲美，是以用兵爲樂也。用兵爲樂，則樂致人於死地矣。

夫樂殺人者，不可得志於天下。

《纂微》曰：凶暴好殺之士，不可使得志實現志願於天下。苟得其志，必逆天之德，縱行誅戮，視民如草芥，天豈佑哉？天既不佑，豈得志者也？《道德真經藏室纂微篇》卷五

以殺人爲樂者，則不可使得志於天下。爲人主者，無以妄行誅戮。孟子所謂"不嗜殺人者能一統一，得志於天下之"《孟子·梁惠王上》是也。

吉事尚左，凶事尚右。

成玄英曰：吉謂朝禮參拜、朝拜，凶謂喪禮。

河上公曰：左陽主生，右陰主殺。《道德真經注》卷二

偏將軍處左,上將軍處右,

河上公曰:偏將軍卑而居陽位,以其不專_專擅殺也。上將軍尊而居陰位,以其專主殺也。《道德真經注》卷二

言以喪禮處之。

用兵之勢,以右爲上通"尚",是以喪禮處之。

殺人衆多,以悲哀泣之。

曹道沖曰:天下之民,皆王者之民,以其逆順,則異殺多,則泣"莅"之訛,對待而傷之。

羊祜[①]曰:明非所樂也。

戰勝,則以喪禮處之。

御注:《易》以師爲毒_{危害、傷害}天下,雖戰而勝,必有被其毒者,故居上勢,與戰勝者,以喪禮處之。《宋徽宗御解道德真經》卷二

河上公曰:古者戰勝,將軍居喪主禮之位,素服而哭之。明君子貴德而賤兵,不得已而誅不祥,心不樂之,比於喪也。《道德真經注》卷二

呂吉甫曰:戰勝以喪禮處之,則是不祥之器,而不美之可知已。以悲哀泣之,則是不樂殺人可知也。《道德真經傳》卷二

李畋曰:此章言君子當以道德爲材器,勿以戰伐爲功

---

①　羊祜(221—278),字叔子,泰山南城(今山東平邑南)人,西晉大臣。《晉書・羊祜傳》有記載。著有《老子傳》,已佚。

名,若好彼兵强是樂,其殺害矣。儻倘若非喪禮,無以處之。

道常無名章第三十二

道常無名,

王弼曰:道,無形故不可名。以無名爲常,故曰"道常無名"。《道德真經注》卷二

劉仲平曰:常者,萬世不變之稱也。天之高也,地之厚也,日月之明也,雖生物大,而歷世之,非終可變者也。其成象象謂懸象,日月星辰在上,吾得以謂之乾。效法效坤之法在下,吾得以謂之坤。故垂象著明者,吾得以謂之日月①。此三者皆不出吾之所謂,則非不可名者也。至於道,則物之消息盛衰盈虛盈滿和虛空,杳然渺遠貌而無所與。古今相代於無窮之中,若湛然清澈貌自知。如非陰非陽,非柔非剛,非小非大,非圓非方,非白非黑,非宮非商,視之而莫之見,聽之而莫之聞,搏執持之而不可得,此所謂常無名也。

樸雖小,天下不敢臣。

河上公曰:道樸喻道雖小以其細無不入故曰小,微妙無形,天下不敢有臣使以臣使之道者。《道德真經注》卷二

樸者,道之全體,未始有物也。其樸可謂小矣,雖小,足以爲萬物之君。

---

① 日月,日月中時,遍照天下,無幽不燭。

侯王若能守,萬物將自賓。

吕吉甫曰:夫何故人物資之以始,萬物恃之以生,則天下孰有敢臣其所自始與其所自生哉? 夫是之謂真君_{主宰}。萬物莫不有真君焉,此之謂也。侯王若能守,則是以真君君_{統御}萬物,萬物孰有得真君而不賓_{賓服}者乎?《道德真經傳》卷二

道者,萬物之主,侯王守之,則不假威武勸賞,物不知其然而自賓矣。

天地相合以降甘露,人莫之令而自均。

御注:純素之道,守而勿失,匪特_{不僅、不但}物將自賓,"上際_{至、接近}於天,下蟠_{遍及、充滿}於地"《莊子·刻意》,與天地同流,則交通_{感通}、感應成和,而萬物咸被其澤。甘露者,天地之和氣。《傳》曰:"帝王之德,上及太清_{指天},下及太寧_{指地},中及萬靈_{眾生,人類},則甘露降。"①《宋徽宗御解道德真經》卷二

王元澤曰:守無名之樸以爲治,則陰陽之升降,各由其敘_{次第},而和氣應矣。甘露者,陰陽交和所生,自然均被,無使之者,蓋道之所感,無所不周故也。孟子曰:"上下與天地同流,豈曰小補之哉?"《孟子·盡心上》此之謂也。

此二解説侯王守道,則天降甘露,以爲瑞應_{祥瑞}也。

王弼曰:天地相合,則甘露不求而自降。我守其真性無爲,則民不令而自均也。《道德真經注》卷二

---

① 《鶡冠子·度萬》曰:"帝王之德,上及太清,下及太寧,中及萬靈,則醴泉出。"

温公曰:侯王守道,則物服服從、順從、氣和、民化。《道德真經論》卷二

吕吉甫曰:"至陰肅肅陰氣寒,至陽赫赫陽氣熱。肅肅出乎天,赫赫發乎地。兩者交通成和而物生焉,或謂之紀綱紀而莫見其形。"《莊子·田子方》天地相合以降甘露,則成和之至也。侯王執道而萬物賓之也,亦若是而已,孰得見其形哉? 故人莫之令,而自均。《道德真經傳》卷二

蘇子由曰:沖氣升降,相合爲一,而降甘露,脗 wěn 然渾然一體貌被於萬物,無不均遍。聖人體至道以應諸有,亦如甘露之無不及者,此所以能萬物也。《道德真經注》卷二

此四解説聖人體道而萬物賓,亦如甘露之無不及。

始制有名,名亦既有,夫亦將知止。知止所以不殆。

蔡子晃曰:若能知止,有名之末,復歸無名之本,此則不死不生,所以不危殆也。

有名者道之散也。初制有名制官長,定尊卑之時,即當知止,而復歸無名之樸,則不隨物遷,澹然恬淡貌自足,無復危殆。

譬道之在天下,由川谷之與江海。

御注:天下一性也。道之在天下,以性而合,由通行本作"猶"川谷之與江海,以水而聚。同焉者得,類同類焉者應,聖人之臨蒞何爲哉? 因性而已矣。《宋徽宗御解道德真經》卷二

盧裕曰:川谷歸海,海亦不召。百姓歸道,道本不謀。

王元澤曰：江海不求水而歸之者，由鍾_{聚集}，水之多則性同者往矣。道，民之性也。聖人能集其純全_{猶"完全"}，則有生之類_{人類}從而賓之，亦性然也。

蘇子由曰：江海，水之鍾也；川谷，水之分也。道，萬物之宗也；萬物，道之末也。皆俱_詞水也，故川谷歸其所鍾；皆道也，故萬物賓其所宗。《道德真經注》卷二

此章言侯王守道，物將自賓，如天降甘露，不令自均。夫道者，人之所共由，性之所同得。侯王先得人性之所同，則天下弗賓而焉_{乃、則}往，猶水歸海，自然而已。

知人者智章第三十三

知人者智，

御注：《傳》曰："智如目也，能見百步之外而不能自見其睫_{睫毛}。"《韓非子·喻老》有此文。察人之邪正，若辨白黑，是智之事，知人而已。《宋徽宗御解道德真經》卷二

自知者明。

御注：《易》曰："復以自知_{反復求身，則自知得失也}。"《易·繫辭下》《傳》曰："內視①之謂明。"《史記·商君列傳》智以知人，"則與接_{交接世事}爲構_合，日以心鬬_{同"鬥"}"《莊子·齊物論》，復以

---

① 內視：以銅爲鏡正衣冠，以人爲鑒明得失。

自知者,静而反本,自見而已。"天地之鑒也鑒天地之精微,萬物之鏡也鏡萬物之玄賾。"《莊子·天道》。《宋徽宗御解道德真經》卷二

　　温公曰:自知自勝克己從道尤難。《道德真經論》卷二

　　河上公曰:人能自知賢與不肖,是謂反聽自我省察無聲,內視無形,故爲明也。《道德真經注》卷二

　　成玄英曰:照達前境心意對象之世界鑒人,機性人之機根性質大小淺深,無不悉知爲智;自知己身宿命①,善惡三世過去、現在、未來報應造因而得之果,無不明了爲明。

　　《經》言:"見小曰明。"《道德經》五十二章小者,性之微。又"知常曰明"《道德經》十六章,常者,命之正。人自知性命,歸根復命,不爲物蔽,可謂明矣。人徒知天地萬物,而不自知其所由生,反命歸本,是大不知也。

勝人者有力,

　　王元澤曰:力可以勝人,而不可以勝己也。

　　《語》曰"羿②善射,奡 ào,人名。寒浞子,多力,能陸地行舟盪舟"《論語·憲問》,皆以力勝人者也。勝之字從力,在下,力不足尚也。

自勝者强。

　　王元澤曰:自勝者,克己從道,能專氣者也。

----

①　宿命,謂世人於過去世皆有生命,輾轉輪回,是爲宿命。

②　傳說爲夏代有窮國國君,善射,曾奪夏太康之位,後被其臣寒浞所殺。

孔子曰："根 chéng，申根，孔子弟子也 欲多嗜欲焉，得剛 堅强不屈 不能 難能，自勝者也。"《論語·公冶長》異於此。

楊子言："勝己之私之謂克。"《法言·問神》人能克己勝利欲之私，此所以爲强 果決之意也，非强梁之强，乃守柔之强。

知足者富，

唐明皇曰：知止足者無貪求，可謂富矣。《唐玄宗御注道德真經》卷二

王元澤曰：性分之內，萬物皆足。窮居 隱居不仕 不損，大行 理想行於天下 不加，而愚者或合至貴而徇 謀求 腐餘 腐朽廢棄之物，故知有萬之富，則輕天下而不顧矣，此真富也。孟子曰"萬物皆備於我矣"《孟子·盡心上》，豈非富乎？

此上一説知止足之分爲富，次一説取於一性而足。

强行者有志，

舒王曰：上士聞道，强而行之，故强行 勤勉力行 者有志也。

或志於高名，或志於厚利，非所謂志也。惟强行於道，斯可謂有志之士。

不失其所者久，

河上公曰：人能自節養 節制涵養，不失其所受天之精氣，則可長久。《道德真經注》卷二

王元澤曰：性不爲物遷則久矣，此盡性也。

河公説養精，元澤説養神，二説合而爲一則妙矣。易不

易,恒久也,"君子以立不易方"①《易·恒卦·象辭》,不易方者,不失其所也,故能久。

死而不亡者壽。

王弼曰:雖死而以爲生之通行本作"者",道不亡乃得全其壽。身没通"殁",終而道猶存,況身存而道不卒亡乎!《道德真經注》卷二

陸希聲②曰:身死而道不亡,故謂之壽。《道德真經傳》卷二

王元澤曰:賢人死,曰鬼,盡其道以反真者也。聖人死,曰神,未嘗死未嘗生也。愚人死,曰物,雖生猶死爾。盡道養神之人,雖形體萬變,而真性湛然,無所終極,可謂壽矣,此至於命也。

陸佃曰:列子之不化死,莊子之不死,佛氏之不滅,與此同意。是以聖人之生也,與死同謂之神;聖人之死也,與生同謂之壽,言其生死之未始有異也。夫惟生死同狀而萬物一府猶一體。忘於物我,故萬物可以爲一府,故夫身如蜩 tiáo 甲蟬殼、蛇蜕蛇皮寓寄之而已矣。蓋蜩之甲已死而其蜩未嘗亡,如蛇之蜕已腐而其蛇未嘗喪,何則? 其真者雖死不滅也。曰:"夫至人不焚於火,不溺於水,虎不能搏擊,兕犀牛不能觸牴,

---

① 　君子立身得其恒久之道,故不改易其方,方猶"道"。

② 　陸希聲(? —約901)字鴻磬,自號君陽遁叟,唐蘇州吳(今江蘇吳縣)人。博學善屬文,對《易》《春秋》《老子》研究用力頗勤。著有《道德真經補》四卷(見《四庫未收書目提要》)。《全唐文》卷八一三輯有其部分著作。《正統道藏》洞神部玉訣類收録其《道德真經傳》四卷。

乘虛虛空不墜，觸石謂山中云氣與峰巒相撞擊，吐出云來不礙，而未
嘗有死。"則又曰："死而不亡何也？ 蓋聖人之於時，隨之而
已。"時之所當行，聖人不強避；時之所當止，聖人不強爲，
視其天而已。故有能之而能不爲之，是以有生而不死，有
死而不亡者也。

嚴遵曰：夫立身經世治理國事，興利除害，接物通變，莫
廣闊、大乎知人。攝聰畜明，建國於民，達道之意，知天之心，
莫大乎自知。柄政執政履民，建法立儀，設化施令，正海内，
臣諸侯，莫貴乎勝人。奉道德，順神明，承天地，和陰陽，動
家守國，使民佚樂悠閒安樂，虔順恭謹，慈孝畏法，莫高乎知
足。游神明於昭昭之間，恬惔安寧，尊顯榮華，莫善乎得
志。任官奉職，事上臨下，成人之業，繼人之後，施之萬民，
莫急乎久。天地所貴，群生所恃，居之不厭，樂之不止，萬
福并興，靡與爭寵，莫美乎壽。《道德真經指歸·知人者智篇》

大道氾兮章第三十四 *

大道氾兮，其可左右。
萬物恃之而生而不辭，

---

* 依《道德真經取善集》體例，章名爲本章首句或句首之重點詞語，故爲
"大道氾兮"章。《正統道藏》收錄《道德真經取善集》脱落此處文字。本應爲
《道德經》三十四章，依通行本，校注者爲之補全。

功成不名有，①

功用備成，不名己有。②

蘇子由曰：世有生物，而不辭一爲言辭，稱説；一爲推辭者，必將名之，以爲己有。世有避躲開，回避物，而不有者，必將辭物而不生。生而不辭，成而不有者，唯道而已。《道德真經注》卷二

愛養又作"衣養"，一本作"衣被"**萬物而不爲主。**

河上公曰：道雖愛養護養萬物，非如人君有所收取。《道德真經注》卷二

蔡子晃曰：作衣被，衣被者覆育也。雖覆育萬物，故不爲主，似若微小道無施於物故爲小。

常無欲，可名於小。

吕吉甫曰：凡物之大萬物歸焉而不爲主者則不可名於小，小則不可名於大，是道也，以其可以左右或小或大也。故萬物恃之以生而不辭，功成不居，衣被萬物而不爲主。夫惟不居，不爲主，故常無欲。常無欲，則妙之至者也，故可名於小。《道德真經傳》卷二

王元澤曰：此所謂小，乃真大也。且以體道者，譬之欲慮不萌，怕 bó，恬淡，無爲然内一内心專一，豈非小乎？《易》曰："復復卦，小微小的徵兆而辨於物能辨物之吉凶。"《易·繫辭下》

---

①　《正統道藏》有脱字，依《道德經》通行本補足。

②　此句或爲杜光庭，或爲唐玄宗，或爲陳景元注語，應爲"功成不名有"注文。

萬物歸之不爲主，可名於大。

王元澤曰：有意於主則反與物對，唯其主萬物而未嘗有意，乃所以充塞無外_{猶無窮}，無所不包而莫能離。

道復於至幽則小，而與物辨；顯於至變則大，而與物交。與物辨，故覆萬物而不示其宰制之功，而不爲主，故常無欲可名於小，所謂復小而辨於物也。與物交，故包容萬物而莫窺其歸往之迹，而不知主，可名於大。夫道非小大之可名也，云可名者，道之及乎物者爾。

是以聖人終不爲大，故能成其大。

成玄英曰：明體道。聖人忘我存物，静退謙恭，終不爲大。只爲先物後己，忘於功大，故爲衆聖之長，獨居三界_{欲界、色界、無色界}之尊，而成其大。

杜光庭曰：聖人愛民恤物，巨細申_{申述}、表明_恩，若可名於小矣。任物隨性歸於天，又可名於大矣。法道施化，布德及人，鼓以淳和之風，被以清静之政，忘功不有，不自尊高，故其盛業可大，聖德可久。以其不爲大，故能成此尊大矣。修身之士，泛然漫_{不經心貌}無著，若云之無心，水之任器_{云與水皆言無定}，可左可右，隨方隨圓，不滯於常，物來斯應，鑒照物斯廣_多，不均應用之心，利物雖多，不矜兼濟之德，仁逮_{行相及}蠢動_{率性而動}，未始爲私，衆善歸宗，不爲之主，是能彰非小非大之德，無自專自伐之稱，可以契全真之大道矣。《道德真經廣聖義》卷二十八

樸雖小，天下莫能臣。聖人抱樸常無欲，可名於小，所

謂終不爲大也。至於天下莫能臣，獨成其尊大，故能成其大也。

此章言道用無方，生成所賴，辨於物而爲小，交於物而爲大。是以聖人法道樸而爲小，成至尊而爲大。

執大象章第三十五

執大象，天下往；

呂吉甫曰：道之在天下，獨川谷之與江海，萬物歸焉而不知主，是無形也。無形者，大象無形之象，即道、樸、常也。則孰保我而不往哉？故曰"執大象而天下往"。《道德真經傳》卷二

執，守也。大象，道也。大象無形，道之全體，聖人守之，以御世則當世之法則。天下萬民，移心改變心意歸往歸向也。帝舜至鄧墟，來之者十萬家。太王①居岐山，從之者如歸市。

往而不害，安平泰。

盧裕曰：以虛受人，何害之有？無害於物，則泰然安平。

呂吉甫曰：失道而天下往，則去之而已。則其往也，不

---

①　太王，周文王之祖古公亶父尊號，周人本居豳，自古公始遷居岐山之下，定國號曰周，自此興盛，故武王克殷，追尊爲太王。

能無害。執道而天下往,則雖相忘於道術,而未嘗相離也,故往而不害。《道德真經傳》卷二

車惠弼曰:若往於生死有累憂悲,斯則有害;若往大道無爲安樂,此則無害。而言安平泰者,不爲死生所遷遷移、變易,名爲安;諸法不二指一切現象超越分別,名爲平;無爲安樂,名爲泰。

既往於道,則國安民豐,欣樂太平,何害之有? 安平泰所謂不害也。安則無危亡之憂,平則無險詖 bì,邪惡不正之患,泰者通而治也。

樂與餌,過客止。

唐明皇曰:樂以聲聚,餌以味聚,過客悦而少留暫留,非久長也。《唐玄宗御注道德真經》卷二

呂吉甫曰:有樂之可樂,有餌之可嗜,則止者過客而已。《道德真經傳》卷二

道之出口,淡乎其無味,視之不足見,聽之不足聞,用之不可既。

御注:味之所味者嘗品嘗矣,而味味者道未嘗不曾呈顯現,故淡乎其無味。色之所色者彰矣,而色色者道未嘗顯,故視之不足不可、不能見。聲之所聲者聞矣,而聲聲者道未嘗發,故聽之不足聞。若是者能苦、能甘、能玄、能黃、能宮、能商,無知也而無不知也,無能也而無不能也,故用之不可既盡也,有繼之辭。《宋徽宗御解道德真經》卷二

此章言聖人守道以御世，天下歸往而無虞_{憂患}。道淡無味，非若餌之可嗜；聽之無聲，非若樂之可樂；用之無盡，豈若過客暫止而已。

將欲歙之章第三十六

將欲歙之，必固張之；將欲弱之，必固强之；將欲廢之，必固興之；將欲奪之，必固與之，是謂微明。

御注：“陰陽相照_{相應}相蓋_{相治}_{相消相長}，四時相代_{相生}相殺。”《_{莊子·則陽}》萬物之理，人倫之傳_{傳世}，其斂散也，其盛衰也，其僨 fèn，倒覆，僵僕起也，其虧盈也。幾_{預兆，細微之迹象常}發於至微而莫睹其朕_{徵兆}，惟研_{精研}幾之，聖人得先見之吉，賢者殆庶幾_{差不多，近似而已}。陽盛於夏而陰生於午_{午時}，陰凝於冬而陽生於子_{子時}。句踐_{春秋時越國國君}欲弊_{破、敗壞}吳而勸之伐齊，智伯①欲襲仇由②而遺之廣車_{大車}。_{典出《韓非子·説林下》}，此聖人所以履霜而知堅冰之至，消息盈虛不位乎其形_{不以形爲位}。故勇者不能弱，智者不能奪。《_{宋徽宗御解道德真經}》_{卷二}

嚴遵曰：道德所經_行，神明所紀_通，天地所化，陰陽所理，實者反虛，明者反晦，盛者反衰，張者反弛，有者反亡，

---

①　智伯（前506—前453），即智瑤，由於智氏出於荀氏，故也稱荀瑤，後世多稱智伯、智伯瑤。

②　仇由，亦作“仇猶”“仇繇”，春秋國名，故地在今山西孟縣東北。

生者反死,此物之性,自然之理也。故反覆之便,屈伸之利,道以制天,天以制人君,人君以制臣,臣以制民。含氣之類,皆以活身。虎豹欲據以足踐人謂之據,反匿其爪。豺狼欲食,不見其齒。聖人去意,以順道;智者反世,以順民。忠言逆耳,以含其正邪。臣將起,務順其君。知此而用之,則天地之間,六合之內,皆福也。不知此而用之,則闔門全家之內,骨肉至親之間,皆賊傷害也。故子之與弟泛指子侄輩,時爲虎狼;仇之與讎,時爲父兄。然中有否,否中有然,一否一然,或亡或存,故非忠雖親不可信,非善雖近不可親,此賢人之所嗟嘆,聖智之所留心關注、關心也。《道德真經指歸·將欲歙篇》

陸佃曰:此天地之至權權宜、變通也,非特聖人而已。夫權藏之以幽渺精深微妙,而行之以巽順順和時宜之物。淵者,幽渺之所。《易》曰:“巽以行權順和時宜,故可以行權。”《易·繫辭下》又曰:“巽德而隱不自彰伐而幽隱。”《易·繫辭下》巽者,柔弱之謂也。隱者,微明之謂也。老子有曰:“是謂襲明。”《道德經》二十七章又曰:“是謂微明。”襲者,密用其明。微者,密隱其明。蓋明者微之,則神所謂微顯同意。

陸希聲曰:夫聖人之淵奧深奧,莫妙於權實①。實以順常爲體,權以反經不循常規爲用。權所以濟實,實所以行權,

---

① 權實,佛教語。謂佛法之二教,權教爲小乘説法,取權宜義,法理明淺;實教爲大乘説法,顯示真要,法理高深。

權實雖殊,其歸一揆 kuí,同一道理。老氏既以實導人立知常之教,又以權濟物明若反之言。《易》所謂"曲成①萬物而不遺,範圍擬範天地,而周備其理也天地而不過過失"者也。《道德真經傳》卷二

《鴻烈》曰:"齊桓公好味美味,而易牙人名,桓公寵臣烹其子而餌之。虞君虞國之君好寶,而晉獻公以璧馬璧玉和良馬而釣取之。胡王戎王好音,秦穆公以女樂女樂二十八而誘誘惑之。可見《韓非子·十過篇》是皆以利見制於人也。"《淮南子·主術訓》

柔弱勝剛強。

御注:《經》曰:"天下莫柔弱於水,而攻堅強者莫之能先。"《道德經》七十八章《莊子外篇》論夔獨角獸蛇風目之相憐愛尚之名曰:"指我則勝我,鰌 qiū,蹴踏我則勝我。而折折毀大木蜚吹散大屋者,惟我能也。"《莊子·秋水》。《宋徽宗御解道德真經》卷二

鍾會曰:欲制剛強,示乎柔弱,先張後歙斂、合,勝負可知。

唐明皇曰:巽順可以行權,權行則能制物,故知柔弱者,必勝於剛強矣。《唐玄宗御注道德真經》卷二

近取諸身,齒以堅而先弊,舌以柔而自存。遠取諸物,山以高而殺勢,澤以下而增肥。

---

①　乘變以應物,不繫一方者也,則物宜得矣。

魚不可脫於淵,國之利器不可以示人。

御注:淵者,魚之所藏其身。利器權柄、軍力者,國之所以制人。"吞舟之魚,碭 dàng,流出而失水,則蟻螻蟻能苦 困苦之"《莊子‧庚桑楚》,故不可脫於淵。君見賞,則人臣用其勢;君見罰,則人臣乘其威。賞罰治之具且不可示,況治之道乎?聖人所以操利器而不示,非用其強也,蓋有妙道焉。能窮海內而無智名,威服萬物而無勇功,不蘄 qí,同"祈",祈求於勝物而得常勝之道。陽開陰闔,變化無窮,馭群臣運天下而莫之測,故制人而不制於人,本在於上,要在於主,而天下治。《宋徽宗御解道德真經》卷二

呂吉甫曰:人之不可離柔弱,猶魚之不可脫於淵。魚脫於淵則獲 huò,被捕獲,人離柔弱則死之徒而已矣。天下之至柔,馳騁 貫穿縱任天下之至堅,無有入於無間,則器之利者也。操利器以馭天下,國家則其所以圖回運動者,常在於無形之際,安可使知其所自來哉?故曰"國之利器不可以示人"。《道德真經傳》卷二

王元澤曰:魚巽 柔伏柔弱,而自藏於深渺 深遠,深微之淵之中,以活身者也。聖人退處幽密,而操至權以獨運斡 轉萬物於不測。故力旋天地而世莫睹其健 高明,有才能,威服海內而人不名以武,豈暴露神靈而使眾得而議之哉?嘗竊論之,聖人之所以異於人者,知幾也。夫以剛強遇物,則物之剛強不可勝敵矣。天下皆以剛強勝物也,吾獨寓於柔弱不爭

之地,則發而用之,其孰能御之者。觀夫天道,則秋冬之爲春夏,亦一驗矣。彼聖人者,自藏於深渺之中,而托柔弱以爲表,故行萬物於術内,而神莫能知其所自,此所謂密用獨化者。《易》曰"巽以行權"《易·繫辭下》,《莊子》曰"於魚得計"①《莊子·徐無鬼》,義協於此。

此章言巽以行權,柔弱勝剛强之義。先張後歙,柔弱勝剛强可知。人不可離柔弱,猶魚不可脱於淵。聖人操利器不示人,非用剛强也,亦體柔弱而已。所以爲常勝之道也。

道常無爲章第三十七

道常無爲,而無不爲。

舒王曰:前言道常無名,言道之主。此章言道常無爲,言道之變。

凌遘②曰:無體之體,獨立不改,而體常寓於至虚。無用之用,周行不始,而用咸該於萬有。惟其獨立,故寂然不動,而體固渾全。惟其周行,故感而遂通,而用皆周遍。道也者在體而非體,在用而非用,雖無爲也,而感而遂通有感必

---

① 成玄英疏曰:"既遣仁義,合乎至道,不傷濡沫,相忘於江湖,故於魚得計。"

② 凌遘,宋蘇州吴縣人,宣和六年(1124年)進士。

應,萬事皆通者不廢。雖無不爲萬物由之以始以成也,而寂然不動者與俱。自其偶而應之,所以每見其無不爲,究其所歸宿以無爲爲常而已。

道以無爲爲常,以其無爲,故能無所不爲。無爲者寂然不動,道之真體,所謂無體之體也。無不爲者感而遂通,道之真用,所謂無用之用也。故曰"道常無爲,而無不爲"。

侯王若能守,

王元澤曰:君人者,體道以治,則因時乘理而無意於爲,故雖無爲而不廢天下之爲。雖不廢天下之爲,而吾實未嘗爲也。"天何言哉? 四時行焉四時之令遞行,百物生焉百物皆依時而生。"《論語·陽貨》侯王之道,天其盡之矣。

萬物將自化。

御注:侯王守道御世,出無爲之境,而爲出於無爲,化貸施、予萬物。而萬物化之若性之自爲,而不知爲之者,故曰"自化"。《宋徽宗御解道德真經》卷二

舒王曰:言道之主,故曰"萬物將自賓"。言道之變,故曰"萬物將自化"。

侯王守道,則無爲也。萬物將自化於道,故無不爲也。莊子曰:"無爲而萬物化自化。"《莊子·天地》

化而欲作,

舒王曰:"化而裁節之謂之變。"《易·繫辭上》言化欲貪欲作萌作,作則動而已。

王元澤曰：化而日進，則如嬰兒之長，必至於智慮充起，天和_{人體之元氣}漸衰。觀夫三代_{夏、商、周}末流_{末期、末世}，物情_{世情}彫弊，則可知也。

吾將鎮之以無名之樸。

《纂微》曰：聖人之德化，常善救人。假有不從其化，而修之身爲真，而以修之天下爲普。使王侯者知而守之，則修之天下不亦普乎？夫不嗇其道，而欲與天下同之仁也。欲同之天下而先之，侯王義也。而學者顧_{環視}見其言，有絕棄仁義，則曰_{或有學者言}："老君槌提_{棄擲}、抨擊吾仁義而小之也，吾所不取。"嗚呼，彼不見其所以絕棄之意，宜其不取焉爾。《道德真經藏室纂微篇》卷五

陸希聲曰：首篇以常道爲體，常名爲用，而極之以又玄。此篇以無爲爲體，無不爲爲用，而統之以兼忘。始末相貫，而盡其體用也。《道德真經傳》卷二

無名之樸，夫亦將無欲。不欲以靜，天下將自定。①

"人生而靜，天之性也。感物而動，性之欲也。"《禮記·樂記》雖無名之樸，亦將不欲，則性靜而先自正_{通行本作"自定"}，即自然復歸於安定也，故天下不期正而自正矣。

李畋曰：大道以虛靜爲真常，以應用爲妙。有俾_使其侯王守其真常，寂然不動，法其妙用，感而遂通，則萬物化淳_教

---

① 此句疑《正統道藏》收錄《道德真經取善集》時脱落，依通行本補全。

化淳厚天下正。

　　此章首言道常無爲而無不爲，終之以不欲無名之樸者。若存欲樸之心，非所謂無爲也。無名之樸兼忘，則所謂道常無爲也。天下將自正，所謂無不爲也。

卷之六

御注："道無方體，德有成虧，合於道則無德之可名，別於德則有名之可辨。仁義禮智，隨量_{標準}、法度而受，因時而施，是德而已。體道者異乎此，故列於下經。"《宋徽宗御解道德真經》卷三

王元澤曰："德者，得也。物生乎道，而各得於道，故謂之性。得其性而不失，則德之全也。德未嘗異道而有其德者，嘗至於自私而失道。彼真人者不然，性命道德之實，渾乎而爲一，而四者_{性、命、道、德}之名，應世而殊號，吾莫知其異，亦莫知其同也，是德之玄者也。雖然德者，得也，能無失乎哉？唯以無得爲德，而德乎不德，則可謂至矣。是體道者也，非有德者也。"

上德不德章第三十八

上德不德，是以有德；

御注：物得以生謂之德。同焉皆得，默與道會，過而不

悔,當而不自得也,是謂不德_{不自恃有德}。孔子不居其聖而爲聖之時_{孔子時行則行,時止則止},乃所以有德。《宋徽宗御解道德真經》卷三

王弼曰:上德之人,唯道是用,不德其德,無執無用,故能有德。《道德真經注》卷三

谷神子^①曰:上德不德,與道同也。德者,得也,得道之謂也。上德之人與道同而無得心,是以有德。《清静經》曰:"雖名得道,實無所得。"《太上老君説常清静經》"至禮不人_{自彼兩忘,視人若己},至義不物_{各得其宜,則物皆我也},至智不謀^②,至仁無親^③。"《莊子·庚桑楚》所謂不人不物,不謀無親者,不德也,不德則至矣,所以爲德之上。《經》曰:"上德若谷。"《道德經》四十章

下德不失德,是以無德。

御注:認 rèn,識別、辨明而有之,自私以失道,何德之有。《宋徽宗御解道德真經》卷三

成玄英曰:未造到、至其極,故稱爲下。執德不忘,故稱不失。

---

① 谷神子,生平姓氏不詳,《唐書·藝文志》記載唐谷神子纂《博異記》三卷。宋晁公武《郡齋讀書志》卷三記載:"右漢嚴遵撰,谷神子注,本理國修身清净無爲之説,按唐志有嚴遵《指歸》四十卷,馮廓注《指歸》十三卷,此本有序注而題谷神子,疑即廓也。"谷神子可能即馮廓。

② 成玄英疏曰:"率性而照,非謀謨而(智)〔知〕,斯至智也。"

③ 成玄英疏曰:"無心相爲,而相濟之功成矣,豈有親愛於其間哉!"

　　蘇子由曰：聖人從心所欲不逾矩_{法度之器}，非有意於德，而德自足。其下_{下德之人}知德之貴，勉強以求不失，蓋僅自完_{自全}爾，而何德之有。《道德真經注》卷三

　　谷神子曰："下德不失德_{執而未化}，德得也。"

　　下德者，散道以為德也。故"蹩 bié 躠 xiè，用力之貌_{為仁}，踶 dì 跂 qí，用心，勉力而行_{為義}"《莊子·馬蹄》，摘僻_{自加拘束}為禮，以鑿_{恣意不求合義理}為智，雖名不失，德去道也遠，是以無德。

上德無爲而無以爲，

　　御注：不思而得_{生之知}，不勉而中_{安而行}，不行而至_{理自至}，上德也。《宋徽宗御解道德真經》卷三

　　唐明皇曰：知無爲_{順任自然}而無爲者，非至也；無以無爲而無爲者，至矣。《唐玄宗御注道德真經》卷三

　　王元澤曰：上德無爲，然亦無所事爲，而德自足。

　　曹道沖曰：德之上者，本自無爲，非故造無爲之念也。

　　呂吉甫曰：上德無爲，非故無爲也，率得之自然，而實無以爲也。《道德真經傳》卷三

　　顧歡曰：言上德之化_{教化}，處無爲之事，行不言之教，其迹不彰，故曰"無爲"。爲既無迹，心亦無欲，故曰"無以爲"。

　　故上德之無爲，非徇無爲之美，但含孕_{包含，蘊藏}淳樸，適自無爲，故云而無以爲。此心迹俱無爲也。

下德爲之而有以爲。

吕吉甫曰：下德不知出此而爲之，故不能不有以爲模擬造作也。夫德無以爲足矣，而且有仁焉，則是爲之也。《道德真經傳》卷三

下德之人，不思則不得，不行則不至，是以既不至於無爲，而又勢必然當有爲也。

上仁爲之而無以爲，

御注：堯舜性之仁，覆天下而非利之也，故無以爲。《宋徽宗御解道德真經》卷三

河上公曰：兼濟無偏，其仁無上，故言上仁也。爲之者爲仁恩也。功成不居，事遂不宰，無以執爲。《道德真經注》卷三

舒王曰：仁者，有所愛有所親也。唯其有所親愛，則不能無爲矣，其下者可知也。

王元澤曰：仁乃善之長，德之别名。既别於德，則是爲之也。然聖人之仁，盡性而足，不俟等待於作，故無以爲。

上義爲之而有以爲，

御注："列序敵度宜之謂義宜人及物。"《太玄》卷七以立我，以制事，能無爲乎？《宋徽宗御解道德真經》卷三

唐明皇曰：義者，裁非之謂，謂爲裁非之義，故云爲之。有以裁非斷割，令得其宜，故云而有以爲。此則心迹俱有爲也。《唐玄宗御注道德真經》卷三

《雜説》曰：上德無爲而無以爲，義皇伏羲也。上仁爲之

而無以爲,堯舜也。上義爲之而有以爲,湯商湯武周武王也。上義下德也。或曰:"湯武大聖人也,謂之下德,可乎?"曰:"聖人之所同者心也,德之所以有上下者時也。大聖人者易地則皆然。"

上禮爲之而莫之應,則攘臂而仍之。

嚴君平曰:虛無無爲,開道導、引萬物,謂之道人。清静因應順應,無所不爲,謂之德人。兼愛萬物,博施無窮,謂之仁人。理名正實,處事之宜,謂之義人。謙退辭遜,恭以守和,謂之禮人。此五者皆可道也,陳迹也,非至至者也。至至者一尚不存,安有其五?《道德真經指歸·上德不德篇》①

吳筠②曰:"禮智者,制亂之大防原則性界限也。道德者,撫亂之宏綱大綱、主旨也。然則道爲禮之本,禮爲道之末。執本者易而固,持末者難而危。故人主以道爲心,以德爲體,以仁義爲車服車與禮服,以禮智爲冠冕,則垂拱而天下化矣。若尚禮智而忘道德者,所謂有容飾裝飾而無心靈,雖乾乾敬慎貌夕惕朝夕戒懼而天下弊矣。"《宗玄先生玄綱論》

仁者施之而已。義則擇所施之宜者也,未責求所報也。

---

① "此五者皆可"以後不見《道德真經指歸》。

② 吳筠(?—778),字貞節,一作正節,卒後弟子私謚"宗元先生",唐華洲華陰(今陝西華陰縣)人。師從上清派法主潘師正,受上清經法。著有《宗玄先生文集》三卷、《玄綱論》一卷、《心目論》一卷,均收録於《正統道藏》太玄部。另有《神仙可學論》《形神可固論》各一卷。

禮則施報矣，來而不往非禮也，往而不來亦非禮也。施報
之義也，行禮於彼而彼不應，則攘臂_{激奮貌}而怒以相仍_{通行本作"扔"，引}。攘臂者，攘除衣袂以出臂也。春秋之時，一言之
不讎_對，一拜_{稽首}之不中_正，兩國爲之暴骨_{指戰爭}，則攘臂而仍
之，尚其患之小者。

**故失道而後德，失德而後仁，失仁而後義，失義而後
禮。夫禮者，忠信之薄而亂之首。**

御注：道不可致，故失道而後德。德不可至，故失德而
後仁。仁可爲也，爲則近乎義，故失仁而後義。義可虧也，
虧則飾以禮，故失義而後禮。至於禮則離道滋遠，所失滋
衆矣。凡物不并_{同時}盛，陰陽是也。理相奪予，威德是也。
實厚者貌薄，父子之禮是也。由是觀之，禮繁者，實必衰
也。實衰則僞繼之而爭亂作。故曰"夫禮者，忠信之薄而
亂之首也"。《宋徽宗御解道德真經》卷三

唐明皇曰：失道者，失上德也。上德合道，故云失道。
夫道德仁義者，時俗夷險之名也。故道衰而德見，德失而
仁存，仁亡而義立，義喪而禮救，斯皆適時之用爾。故論禮
於淳樸之代，非狂則悖，忘禮於澆漓_{浮薄不厚}之日，非愚則
誣。若能解而更張_{變革}者，當退禮而行義，退義而行仁，退
仁而行德，忘德而合道。人反淳樸，則上德之無爲也。《唐玄
宗御注道德真經》卷三

《纂微》曰：忽道德仁義而專以禮教爲用者，豈非忠信
之薄而亂之首乎？若乃尊道德仁義而兼用禮教者，是禮之

上也,則何往而不治哉!《道德真經藏室纂微篇》卷六

忠則不欺,信則不妄。莊子曰:"至德之世,實而不知以爲忠率性成實,不知此實爲忠,當而不知以爲信任真當理,豈將此當爲信。"《莊子·秋水》雖有忠信而不知。至於用禮,則玉帛圭璋和束帛交馳交相奔走,往來不斷,施報有所施予,有所報答相望希圖,擎跽jì,拱手跪拜曲拳鞠躬行禮,辭讓謙卑,徒爲貌恭而已,其心未必然也。"中心中純實樸實而反乎情性命真情,樂也;信行行爲信實容體而順乎文容儀軌物而不乖於節文者,禮也。禮樂遍行,天下亂矣①。"《莊子·繕性》

太上言禮爲缺文。无考。

前識者,道之華而愚之始。是以大丈夫②處其厚,不處其薄;居其實,不居其華。故去彼取此。

呂吉甫曰:忘仁義,絕禮學,遺智慧,而志於道德之大全,是之謂去彼指仁義、禮學、智慧取此道德之大全。《道德真經傳》卷三

道德厚實也,禮智華虛華薄澆薄也,是以大丈夫去彼禮智之華薄,取此道德之厚實,此大丈夫所以備完備道而全德。

---

①　郭象注曰:"以一體之所履,一志之所樂,行之天下,則一方得而萬方失也。"

②　"前識者,道之華而愚之始。是以大丈夫",《正統道藏》本無,今依通行本補全。

此章主道之本而言也,仁義禮智而道之失也。上德者與道同也,故不德也。以退化義,賓禮智,而志於道德之厚實,非真大丈夫不能取此。

昔之得一章第三十九

昔之得一者,

陸佃曰:入於一_{嚴靈峰曰"一者,道之數"}道將得,出於一道將失。一者,有無之界也。列子曰:"一者,形變之始_{此蓋明變化往復無窮極。}"《列子·天瑞》自今言古謂之昔,昔者,指天地之後而言也。《經》曰"道生一"《道德經》四十二章,於物為精。古昔得一者,天地神人物是也。上下幽明,雖則不齊,得乎一則未始不齊,故下文云其致之一也。一者,本也。

天得一以清,

顧歡曰:天者,純陽之氣。得一,故輕清於上。

地得一以寧,

顧歡曰:地者,純陰之質。得一,故安靜處下。

神得一以靈,

河上公曰:言神得一,故能變化無形。《道德真經注》卷三
王元澤曰:神謂鬼神之神。靈者神之散也。

谷得一以盈，

郭象曰：谷，川谷也。谷川得一，故能泉源流潤，溪壑溝壑盈滿。

王元澤曰：一之爲一，無乎不遍，故谷虛而能應者，一存乎中也。

陸佃曰：虛者谷之體，盈者谷之用。

萬物得一以生，

張君相曰：有識①、無情②，總號萬物，同稟一道，以得生成。

侯王得一以爲天下正，其致之一也③。

御注：莊子曰：“通於一，萬事畢④。”《莊子·天地》致一則不二，抱一則不離，守一則不遷，能知一則無一之不知，不能知一則無一之能知。昔之得一者，體天下之至精，物無得而偶之者。故確然乎上者，純粹而不雜；隤然 柔順隨和 貌乎下者，靜止而不變。至幽而無形者，神也，得一則不昧；至虛而善應者，谷也，得一則不窮。萬物以精化形，故得一以生。侯王以獨制衆，故得一以爲天下正。自天地以至於侯

---

① 有識，佛教語，猶有情，指人和一切有情識之生物，即衆生。

② 無情，無情識之物，如山川、草木、大地等。

③ “一也”二字，《正統道藏》本無，依前文陸佃注及下文御注補。

④ 成玄英疏曰：“一，道也。事從理生，理必包事，本能攝末，故知一，萬事畢。”

王，雖上下異位，幽明散殊，而天之所以清，地之所以寧，侯王之所以爲天下正，非他求而外鑠 shuò，以火銷金之名，自外以至內也，一以致之而已，故曰"其致之一也"。《宋徽宗御解道德真經》卷三

王元澤曰：一者不二，在彼在此，其所謂一，其體常一，無有別一，故唯一能致一，不可以他致一也。一之爲義，天下之至精，唯精故能神，神則盡之矣。而神之爲德，常在一也。侯王以寡統衆以得一，故爲天下正。《易》曰："天下之動正通"貞"夫一而止。天下萬物之動，皆正乎純一。"《易·繫辭下》

天無以清將恐裂，地無以寧將恐發，神無以靈將恐歇，谷無以盈將恐竭，萬物無以生將恐滅，侯王無以貴高將恐蹶。

御注："天職主生覆，地職形載。"《列子·天瑞》裂則無以覆，發則無以載。發，泄也。神依人而行者也，歇消失則無所示。谷受而不藏者也，竭枯竭則莫之應。聚則精氣爲物，得一以生故也。散則游魂浮游之精氣爲變，失一以滅故也。滅者，生之息。惟正也，能御萬變而獨立乎。萬物之上無以爲正，而貴高指位而言將不足以自保，能無蹶 jué，倒下、挫敗乎？蹶者，上侯王之仆敗滅。《宋徽宗御解道德真經》卷三

王元澤曰：一之爲一，無乎不在，欲言其理，辭不勝窮。且以人形言之，凡人初生，精爲之本，因精集神，體象斯具，精之既喪，形斃神離，或德或形，其理無二。

故貴以賤爲本，高以下爲基。

御注：賤者貴之所恃以爲固，下者高之所自起。世之
人睹其末貴、高，而聖人探其本賤、下。世之人見其成，而聖人
察其微，故常得一也。《宋徽宗御解道德真經》卷三

孫登曰：九重九層，泛指多層之臺，起於累土。百仞八尺爲
仞，百仞，極高貌之高，元始乎一簣 kuì，纖草爲器，所以盛土。以況尊
貴，卑下爲基。

王元澤曰：水於五行，其數爲一，而趨下不争，陰陽之
情也。知此道者，雖居貴高而不忘基本。故居位也安，猶
體神而存精，則神常存也。

是以侯王自謂孤寡不谷。此其以賤爲本邪？非乎？

御注：孤、寡、不谷，名之賤者也。而侯王以爲稱，知所
本而已，侯王所以貴高而不廢，其以此乎。《宋徽宗御解道德真
經》卷三

顧歡曰：孤是無父之稱，寡喪夫者者偏喪喪其配偶，失去丈夫
之名，不谷者不善也，謂非物宗不能總衆之辭。凡此三者，
皆人之所賤，而侯王自以爲稱，豈非以賤爲本乎？非者詳
問之辭，言侯王以孤、寡、不谷自目，明其以賤爲本。

王元澤曰：一於數至少，而爲萬物本，故知本在於賤，
知賤乃真貴也。

故致數輿無輿。

御注：自高以勝物，自貴以賤物，而不知守以柔，白而

不知守以黑，以求譽稱譽於世而致數譽屢得高貴之稱譽，則過情情實之譽暴集驟然聚集，無實無實體之毀毀譽隨至，所以無譽。《宋徽宗御解道德眞經》卷三

唐明皇曰：數字作上聲，譽字作輿字。説曰：數輿，則無輿，輪轅爲輿本。數貴，則無貴，賤下爲貴本。轅爲輿本，當存轅以定輿。賤爲貴本，當守賤以安貴。將戒侯王以賤爲本，故致此數輿之談也。《唐玄宗御注道德眞經》卷三

王元澤曰：數字作入聲，輿字爲譽字。説曰：知一者以賤爲本，而内韜隱藏、隱蔽至貴，故世人世、當代不得，而貴亦不得，而賤苟爲已，而數致稱譽，豈眞譽乎？

不欲琭琭如玉，落落如石。

御注：玉貴而石賤，一定而不變，聖人乘時任物，無所底滯閉塞，萬變無常，而吾心常一，是眞得一者也，故不可得而貴賤。孟子曰："所惡執一者，爲其執一而廢百也。[1]"《孟子·盡心上》不欲琭心琭美貌如玉，落落堅硬如石，非知化通曉變化之理之，聖不能及，此是謂上德。《宋徽宗御解道德眞經》卷三

河上公曰：琭琭，喻少。落落，喻多。玉少，故見貴。石多，故見賤。言不欲如玉，爲人所貴；如石，爲人所賤，當處其中爾。《道德眞經注》卷三

王元澤曰：玉石體堅而一，定不能曲變彎曲變化，非謂一也。若夫萬變而常一，則眞一矣。故玉琭琭，貴而已矣，不

---

[1] 趙岐注曰："所以惡執一者，爲其不知權，以一而廢百道也。"

能賤也；石落落，賤而已矣，不能貴也。老氏既明一義，恐不悟者執一不變，堅如玉石，則失一之理矣。夫唯體一者，一貴一賤，其德如水，方圓枉直曲直，應物無窮，而不離於一，故不得而貴賤，以一無貴賤故也。此篇義最奧密難言，今粗明綱領而已。蓋道生一，一則德之全。體於物則幾於道者是也。

　　此章以一爲宗。夫一者，天下之至精。天地神物，貴賤動植，咸得一以生成。太上恐人執一而不知變，又終之以不欲，如玉石者堅如玉石，則失一之理矣。竊以太上之道，始以煉精爲基本，次以全神爲妙道，若基本不立，則道無由生，故以一爲基本，猶精而全神也。終之以玉石者，恐人執於煉精，不能養神，假使壽同龜鶴_{長生之物}，終無冀於神仙，惟精神俱煉，與道合真矣。

卷之七

反者道之動章第四十

反者,道之動;

王元澤曰:反本則静,静乃能動,譬如秋冬能起_{開始、開端}春夏也。

蘇子由曰:反者,復也,復性則静矣。然其寂然不動,感而遂通天下之故,則動之所自起也。《道德真經注》卷三

仰觀乎天,四時之行,斂藏於冬,而蕃鮮_{草木蕃育而}_{鮮明}於春。俯察乎地,五行有水,反流全一,而動善時。天地之道,以反爲動,故能長久。人一受其成形,馳_馳_騁其形性_{身心},潛_{深也},謂心意專一之萬物,終身不反,悲夫。

弱者,道之用;

舒王曰:道之用所以在於弱_{柔弱、柔韌者},以虛而已。即在天者而觀之,"指我亦勝我,鰌我亦勝我"《莊子·秋水》,則

風之行乎太虚,可謂弱矣。然無一物不在所鼓舞_{激發、鼓勵},無一形不在所披拂_{猶扇動},則風之用在乎弱也。即在地者而觀之,"決_{人導之而行}諸東方則東流,決諸西方則西流"_{《孟子·告子上》},則水之托於淵虚可謂弱矣。然處衆人之所惡,而攻堅强,有莫之能先,則水之用在乎弱也。又曰:"反非所以爲動,然有所謂動者,動於反也。"弱非所以爲强,然有所謂强者,蓋弱則能强也。雖然言反而不言静,言弱而不言强,言動則知反之爲静,言弱則知用之爲强,天下之物生於有,有生於無,亦若此而已矣。

弱之勝强,道之妙用,如水至弱,能攻堅强。

天下之物生於有,有生於無。

河上公曰:萬物皆從天地生,天地有形位_{方位},故言生於有也。天地神明皆從道生,道無形,故言生於無。《道德真經注》卷三

吕吉甫曰:唯有爲能生天下之物,而無又能生天下之有,則道之動在於反,而其用在於弱可知已。然則欲反而弱者無他,致一以極乎無而已矣。《道德真經傳》卷三

此章之意反本而静,則動不失已。莊子所謂"静則動,動則得矣_{理虚静寂,寂而能動,斯得之矣}"《莊子·天道》是也。用無不利,則不争而善勝,《經》所謂"弱勝强"是也。然則欲反弱者無他,致一以極乎無而已。

上士聞道章第四十一

上士聞道，勤而行之；

御注：士志於道者也。上士聞道，真積_{認真積累}力_{勉力}久，至誠不息。《宋徽宗御解道德真經》卷三

李榮①曰：信道彌篤_{淳厚}，强行_{强力而行}有志，寒暑變而不革_改其心，金石銷而不移其操_志，始終常堅，確乎不拔_{不可動搖}，上士勤行也。《道德真經注》②

上者，至高之稱。士者，以道爲事。上士了悟，聞斯妙道，信道彌篤，强行有志。行與實相相應，若出若處，若行若住，常依實相不離，真際_{實際}念念_{猶言刹那，或解爲每一個心念}增，修心心不懈，故曰“勤行_{努力修行也}”。問_{或問}曰：“道不可聞，聞而非也，上士何以聞之？”答_{應或問之所答}曰：“耳聞其言，心行其道，真聞之也。”孔子曰：“朝聞道，夕死可矣。”《論語·里仁》

中士聞道，若存若亡；

舒王曰：中士者，知道之爲美，而不知所以爲道也。知

①　李榮，號任真子，唐高宗、武后時巴西（今四川綿陽）人，元天觀道士。著《西升經注》、《道德真經注》四卷。其《道德真經注》四卷收録於《正統道藏》洞神部玉訣類。

②　此注不見於《正統道藏》本，依蒙文通先生輯校。

道之爲美,故若存_{將信將疑}。大音不入俚他耳。

李榮曰:素絲_{白絲}不恒_{恒常},逐玄黃_{泛指顏色}而改色。中士不定,隨好惡而異心_{變異其心}。聞真道存身以安國,則存道而忘俗。見財色悦性以娛情,則存俗而忘道也。《道德真經注》

中士可上可下,則有疑心焉。疑心生則用志分,故聞道治身以長存_{長生},治國以太平,欣然而存之。退見財色榮譽,或通"惑",迷惑於情欲而復忘之也,則不能動而行之。一出焉,一入焉耳,若子夏_{孔門之高弟}出見紛華盛麗而悦,入聞夫子之道而樂是也。_{典出《史記·禮書》}

下士聞道,大笑之,

王元澤曰:道大似不肖_{不象(具有形象之物)},淺見者所不識,故笑。誠如下文云:"豈流俗所能睹乎?"

志琮_{生平不詳}曰:下士聞於妙道,無相無名,不來不去,非生非滅,既不信從,翻生違背,所以拊掌大笑,謂爲虛誕_{荒誕無稽}。

下士受性下愚,恣情多欲,智不足與明,識不足與知,目欲視色,耳欲聽聲,口欲察味,志氣欲盈,若不得則大憂以懼。夫道無聲色滋味之可得,則其去耳、目、鼻、口之所嗜也遠矣。聞恬惔寂漠虛無無爲之道,則大笑而非之。

不笑不足以爲道。

羊祜曰:下愚昏昧,貴華賤實,上道深奧,虛無清遠。不爲淺識_{下愚}所笑,不足爲深遠之至。

蘇子由曰:道非形,不可見,非聲,不可聞,不先知萬物之妄,廓然阻滯盡除貌無蔽,卓然有見,未免於不信也。故下士聞道,以爲荒唐謬虛悠遠,荒誕無稽而笑之。中士聞道,與之存亡出没而疑之。惟了然全然見之者,然後勤行服猶"著"膺胸而不怠。孔子曰"語之而不惰懈怠者,其回也與"《論語·子罕》,斯所謂上士也哉。《道德真經注》卷三

與俗同時,與道乖。《經》曰:"知我者希,則我貴矣。"《道德經》七十章

建言有之:

《纂微》曰:建,立也。將立行道之言,謂下文也。《道德真經藏室纂微篇》卷六

舒王曰:孔子嘗曰:"述傳舊而已而不作創始。""竊比尊之之辭於我親之之辭老彭商賢大夫。"《論語·述而》蓋老子稱古之建言者,古之人嘗有此三者之言,故老子述之而已托古而已。

明道若昧,

御注:若日明之光照臨下土者,明也。豐大智源而不示,襲合其光而不耀,故若昧。《宋徽宗御解道德真經》卷三

王元澤曰:大明若晦。

志琮曰:内有智慧爲明,外無炫耀爲昧。

進道若退,

李榮曰:聞道勤行,是進;大成若缺,是退。《道德真經注》

吕吉甫曰:爲道日損,損之又損,以至於無爲,是之謂

進道若退。《道德真經傳》卷三

夷道若纇。

李榮曰：緬_長、遠_平一等_{相同}，夷道也。和光同塵，若纇_絲_節，喻不平也。《道德真經注》

唐明皇曰：夷，平也。纇，絲之不勻者。夫識心_{自識本心}清靜，塵欲_{對色}、聲、香、味、觸、法六塵之貪欲不生，坦然平易，與物無際_{無有間隙}，而外若絲之有纇。《唐玄宗御制道德真經疏》卷六

杜光庭曰：達士治身，內則夷坦，外示同塵，履苦遇樂，隨時應迹，若絲之有纇也。《道德真經廣聖義》卷三十二

道則一致，物有萬殊。體道之士，內則平夷，一定而不易，外應萬殊，隨物變動，故若纇。

上德若谷，

御注：谷虛而受，受而不積。谷虛而應，應而不竭。《宋徽宗御解道德真經》卷三

陸佃曰：至無以供其求，至虛而應其感，故曰"上德若谷"。

大白若辱，

李榮曰：廉_清而不穢_{不净}，大白也。混同於濁，若辱_{黑垢}也。《道德真經注》

陸佃曰：知其白守其黑，知其榮守其辱，故曰"大白若辱"。

夫潔白之人，內懷清靜，明白入素_{心智明白，會於素質之本，}

滌除玄覽而無疵,大白也。韜光晦迹,混俗同塵,處衆人之
所惡,若辱也。

廣德若不足,

孫登曰:其德深廣則通疏見遠,遺略小節,如智識不
足。故良賈善經商之人深藏若虛。君子盛德,容貌若愚。

志琮曰:夫上德功濟十方,莊嚴用善美之物裝飾國土萬物,
德化無窮,名之爲廣。雖云有德,恒自若無德,即無德,故
云不足。

建德若偷,

唐明皇曰:建,立也。偷,盜也。言建立陰不爲人知德,潛
修密行,如彼盜竊,常畏人知,故曰"若偷"。《唐玄宗御制道德
真經疏》卷六

車惠弼曰:聖人建立衆德,濟度群生,妙用潛流玄功密
被,不令人覺,故云若偷。

此二說偷竊之偷。

蘇子由曰:因物之自然而無所立者,外若偷惰而實建
也。《道德真經注》卷三

王元澤曰:偷,苟且也。區區匆忙欲速,務有所建,豈足
以爲德。唯因時任理,視若偷惰者,其建大矣。莊子曰:
"不得已而後起。"①《莊子·刻意》

———————————

① 郭象注曰:"任理而起,吾不得已也。"

此二説偷惰之偷。

質真若渝。

王元澤曰："體性抱神悟真性而抱精淳,以游乎世俗之間者混囂塵而游世俗者。"《莊子·天地》萬變從俗,而其道常真,故物莫知其真。彼漢陰漢水之陰丈人長者之稱子子然特出,獨立貌以真爲己任,而別乎世俗,乃子貢之徒所驚,而聖人以爲假修渾沌無分別之謂者,豈所謂質真乎?典出《莊子·天地》

蘇子由曰:體性抱神,隨物變化,而不失其真者,外若渝色變也。《道德真經注》卷三

質,性質也。真,淳一也。渝,色變也。言道德行人質真淳而無假飾,若可渝變,與物同波而和光才華內蘊,不露鋒芒。

大方無隅,

御注:大方者,無方之方也。方而不割,故無隅角。《宋徽宗御解道德真經》卷三

李榮曰:寰宇有象,故有方也。至道無形,故無隅也。《道德真經注》

吕吉甫曰:大方體之"無南無北,奭 shì 然消散貌四解四方八極,淪於不測;無東無西,始於玄冥妙本,反於大通應迹。反於域中而大通於物"《莊子·秋水》,此大方之無隅也。《道德真經傳》卷三

王元澤曰:大方,道之體也。若有四隅,則形盡於所見,其小久矣。

大器晚成，

御注：大器者，不器之器也。不益生，不助長，故晚成。
《宋徽宗御解道德真經》卷三

陶弘景①曰：積德道成，謂之大器。非日一日可就，故曰
"晚成"。

陸佃曰：其行身立身處世也，徐緩慢而不廢停止，故曰"大
器晚成"。

大器者，法身②之器也。法身大器，積功而證，非一朝
一夕，故曰"晚成"。莊子曰："美成在久。"③《莊子·人間世》

大音希聲，

御注：動之無方而感之斯應，故希聲。《宋徽宗御解道德真

---

① 陶弘景（456—536），字通明，號華陽隱居，華陽真人，謚貞白先生，南
朝齊梁時丹陽秣陵（今屬南京）人。於茅山建華陽館，傳上清大洞經錄，開創
道教上清派茅山宗。著有《洞玄靈寶真靈位業圖》一卷，收錄於《正統道藏》洞
真部譜錄類；《周氏冥通記》四卷，收錄於《正統道藏》洞真部記傳類；《登真隱
訣》三卷，收錄於《正統道藏》洞玄部玉訣類；《太上赤文洞神三籙》，收錄於
《正統道藏》洞玄部記傳類；《養性延命錄》二卷，收錄於《正統道藏》洞神部方
法類；《真誥》，收錄於《正統道藏》太玄部；《葛仙翁肘後備急方》八卷，收錄於
《正統道藏》正一部。另著《本草經集注》七卷、《古今刀劍錄》、《太清諸丹集
要》、《合丹藥諸法節度》、《太清草木集要》、《陶氏效驗方》、《補闕肘後百一
方》、《藥總訣》、《集金丹黃百方》等，是南北朝時期道教史上重要人物。
② 原爲佛教語，後被道教所用，意指道之本體及其人格化之表徵。
③ 郭象注曰："美成者任其時化，譬之種植，不可一朝成。"

經》卷三

王弼曰：聽之不聞名曰希，不可得聞之音也。有聲則有分，有分則不宮而商矣。分則不能統衆，故有聲者，非大音也。《道德真經注》卷三

志琮曰：希聲者，猶無聲也。夫聖人一音①説法，遍滿十方，發蟄開蒙言開啟蒙昧，導凡誘俗，雖復教滿十方，即言恒寂。教即無教，言即無言，以此之義，名曰希聲。

《疏》曰：道能應衆音，大音也。聽之無聲，希聲也。《唐玄宗御製道德真經疏》卷六

大象無形。

鍾會曰：無象不應，謂之大象。既無體狀，豈有形容。大象者，無象之象也。象既無象，豈有形狀。

道隱無名，

《纂微》曰：道本無名，而強名曰道。今道又隱焉，而名何有，此真所謂滅迹匿端掩蓋實相也。《道德真經藏室纂微篇》卷六

吕吉甫曰：凡此者皆道也。然謂之明而若昧，謂之夷而若纇，謂之進而若退，以至音而希聲，象而無形，名與實常相反者，以道隱於無名，而以名名之，則常若相反故也。《道德真經傳》卷三

———————

① 一音，天尊等覺悟者説法之音，後亦指高道宣講道法之音。

夫唯道善貸且成。

顧歡曰：先與後得謂之貸，物得成道謂之成。成之則歸道，道得之也。

志琮曰：今凡夫之生是道以生，貸汝，汝應悟生復歸於道，何乃執生爲生而不反本邪？

舒王曰：善貸者萬物資而不匱是也。然復歸於所自生，故曰"且成"。

此章言道深微妙，隱奧難見，自明道至於大象皆道也。道之妙不可以智索，不可以形求，可謂隱矣。道之體隱乎無名，而用乃善貸且成，上士悟之特然勤行，下士聞之所以大笑，誠如篇中所云，豈流俗所能識乎？

道生一章第四十二

道生一，一生二，二生三，三生萬物。

陸佃曰：道生一，太極也。一生二，陰陽也。二生三，沖氣也。有陰有陽，而陰陽之中又有沖氣，則萬物於是乎生矣，故曰"三生萬物"。

李榮曰：一生二，清濁分，陰陽著。二生三，運二氣，構三才。三生萬物，圓天覆於上，方地載於下，人主統於中，何物不生也。《道德真經注》

谷神子曰：大道自然，變而生神，神動而成和，和散而氣結，氣結而成形，故曰"道生一，一生二，二生三，三生萬物"。

一者,形變之始也。清輕爲天,濁重爲地,沖和_{陰陽適均}而不偏勝之氣爲人。故天地含精,萬物化生。

萬物負陰而抱陽,

河上公曰:萬物無不負陰而向陽,回心轉念而就_{即日}。
《道德真經注》卷三

沖氣以爲和。

陸佃曰:道家謂之沖氣,醫家謂之胃氣_{中醫指胃所具有之功}能及其精氣。有陰有陽,然後胃氣生於其中。

負,背也。抱,向也。沖,中也。凡幽而不測者,陰也。明而可見者,陽也。有生者_{有生命者},莫不背於幽而向於明。然萬物獨陽不生,獨陰不成,必有陰陽之中以和之,然後物生。莊子:"至陽赫赫,至陰肅肅,肅肅出乎天,赫赫發乎地,兩者交通成和①,而物生焉。"《莊子·田子方》

人之所惡,唯孤寡不穀,而王公以爲稱。

《纂微》曰:夫孤、寡、不穀者,柔弱謙卑之稱,乃流俗之所惡嫌也。獨大人君子之所以自謂者,乃所以有王公之貴耳,是法沖氣之爲和也,損心志之强梁_{强勁有力},勇武,而求益於道德者也。《道德真經藏室纂微篇》卷六

孤、寡、不穀者,不祥之名也。王公居尊極之位,取人

---

① 成玄英疏曰:"陽氣下降,陰氣上升,二氣交通,遂成和合。"

之所惡以自名者，處謙卑，法柔弱，以適陰陽之和也，故下文云。

故物，或損之而益，益之而損。

李榮曰：有道以富貴而稱孤、寡，損也。謙光尊者有謙而更光明盛大日新其德日日增新，益也。無德處貴爲自益也，才下位高必至傾覆，損也。《道德真經注》

《疏》曰：故者仍上之辭也。言王公稱孤、寡以自毀損，則爲百姓樂推尊敬而事之，而致益也。或益之而損者，若王公貴寵其身，居上而驕，則爲下人離散而致損也。《書》①曰：“滿招損自滿者，人損之，謙受益自謙者，人益之。”《尚書·大禹謨》斯之謂也。《唐玄宗御制道德真經疏》卷六

舒王曰：天道虧盈而益謙，唯其益謙，故能損者乃所以爲益。唯其虧盈，故其益者乃所以爲損。然則王公所稱，乃所以致益而處貴高之道。

人之所教，亦我義教之。

河上公曰：衆人所教，去弱爲强，去柔爲剛。言我教衆人，去强爲弱，去剛爲柔。《道德真經注》卷三

人之所以教人者，當以我柔弱之義教之。

强梁者不得其死，

河上公曰：强梁者，謂不信玄妙道，背叛道德，不從經

---

① 此處《正統道藏》本爲“《易》”，依後文改。

教,尚勢任力也。不得其死者,爲天所絕斷,兵刃所伐殺,王法所殺,不得以壽命而死也。《道德真經注》卷三

嚴仙①曰:强秦以專制而失,大漢以和順而昌。强梁者失道,剛武者失神,生主②已退,安得長存。《道德真經指歸·道生一篇》③

《字說》曰:"屋樑兩端,乘實如之。物之强者,莫如梁。所謂强梁者,如梁之强。人之强者,死之徒也。子路仲由,孔門高弟好勇,不得其死衛國內亂而死。羿善射,奡盪舟,俱不得其死。然是皆失柔弱之義也。"

吾將以爲教父。

李榮曰:不從君父之命,不順聖人之教,貪榮以守勝,尊己以淩侵犯、欺壓人,强梁也。違科犯法,不盡天年,中道而夭,不得其死也。物皆合道,聖人無不設教,凡情失理化變,

---

① 嚴仙,即嚴遵。曹學佺《蜀中廣記·神仙記》依據宋時尹師魯建嚴真觀碑略說:"君平生於武帝後元元年(前 88 年)也,君平長而學道,煉丹成仙,時成帝和平元年也。"《蜀中廣記·名勝記》也記錄有關於嚴君平和嚴真觀的神異之事。

② 生主,印度教神話中對創造之神的稱謂,即萬有之創造者。在此則指生命之主宰。

③ 《道德真經指歸·道生一篇》:"是以强秦大楚,專制而滅;神漢龍興,和順而昌。故强者離道,梁者去神,生主以退,安得長存?"《取善集》所引與《道德真經指歸·道生一篇》略異,而與《唐玄宗御制道德真經疏》卷六所引相同,所以,《取善集》所引注文,應摘自《唐玄宗御制道德真經疏》卷六,後杜光庭《道德真經廣聖義》可證。

主所以興言,由仁義之華,彰道德之實,因强梁之性,演柔弱之法也。《道德真經注》

此章言道生一氣,一氣生陰陽,陰陽生沖氣,物得沖氣以爲和。沖和之氣,柔弱之義。王公法柔弱以孤、寡爲稱,是損之而益也。衆人好强梁而不得其死,是益之而損也。大聖辯此以爲教父,信其然矣。

天下之至柔章第四十三

天下之至柔,馳騁天下之至堅,

李榮曰:有象之至柔者,水也。無形之至柔者,道也。水至柔而能銷金穿石,破彼堅强。道至柔而能遺彼忘我,破兹固執。言人若鑒之於水,體之於道,足能洞通達於人我,經經歷、經過於丘山山丘,微妙玄通,都無滯礙,此謂馳騁駕馭至堅。《道德真經注》

至柔者水也。至堅者金石也。水能貫堅入剛,無所不通。水至柔故幾於道,而況無形。至柔之道,包裹天地,貫穿萬物,此柔之所以勝剛也。馳騁猶貫穿縱任也。《經》曰:"天下莫柔弱於水,而攻堅强者,莫之能先。"《道德經》七十八章

無有入於無間,

河上公曰:無有者,道也。道無形質,故能出入無間間

隙，通於神明，濟於群生。《道德真經注》卷三

嚴遵曰：有形銛 xiān，《道德真經指歸》作“鎌”，鍥利鋒利、銳利不入無理，神明在身，出無間，入無竅《道德真經指歸》作“孔”，俯仰之頃喻時間之短經數《道德真經指歸》無“數”千里。《道德真經指歸·至柔篇》

無有者神也。神之所爲，利用出入，莫見其迹，透金貫石，入於無間。神捨於心，心藏乎神，虛心以存神，存神以索至求其至，直而推推動之，曲而任之，四方上下，隨其所寓，往來無窮，周流乎太虛，上際上際逮於玄天下蟠下蟠薄於厚地，六通謂四方上下四闥謂春秋冬夏，無入而不自得也。

吾是以知無爲之有益。

御注：柔之勝剛，無之攝有，道之妙用，實寓於此。“棄事則形不勞棄世事則形逸而不勞，遺生則精不虧遺生涯則神凝而不損。”《莊子·達生》玆所以爲有益也。《宋徽宗御解道德真經》卷三

王弼曰：柔弱虛無，無所不通。至柔不可折，無有不可窮，以此推之，故知無爲之道有益也。《道德真經注》卷三

李榮曰：道無形物得生，聖無爲人得化，此乃無爲之益也。《道德真經注》

柔者道之本，無者道之用，至柔無有者道也。道無爲而萬物自化，是以知無爲之道有益也。

不言之教，無爲之益，天下希及之。

御注：不言之教，設之以神，無爲之益，不虧其真，聖人

以此抱樸,而天下賓。無爲而萬物化,故及之者希。《宋徽宗御解道德真經》卷三

顧歡曰:法道不言而風俗自移,故言不言之教。法道無爲而人物自化,故言無爲之益。

此章言法道之柔弱虛無,以不言行教,無爲化民。天下及此道者,不亦希乎?

名與身章第四十四

名與身孰親?身與貨孰多?

御注:夫兩臂重於天下,則名與身孰親?生者豈特單獨、單單隋珠①之重哉!則身與貨貨利孰多重?至願在我名,非所親也。至富在我貨,非所多也。惟不知親疏多寡之辨,而殘生損性,以身爲殉,若伯夷死名於首陽之下,盜跖死利於東陵之上,豈不惑哉?《宋徽宗御解道德真經》卷三

李榮曰:身形是成道之本,故爲親;名聞聲名是虛假之法,故爲疏。世人不能爲身以損名,只爲名以損身。《道德真經注》

王弼曰:尚名好高,其身必疏。貪貨無厭,其身必少。《道德真經注》卷三

---

① 隋珠,即隨侯之珠,成玄英《莊子·讓王》疏曰:"隨國近濮水,濮水出寶珠,即是靈蛇所銜以報恩,隨侯所得者,故謂之隨侯之珠也。"

呂吉甫曰：烈士之所徇者名也。而至於殘生傷性，則不知身之親於名也，故曰"名與身孰親"。貪夫之所徇者貨也。而至於殘生傷性，則不知身之多於貨也，故曰"身與貨孰多"。《道德真經傳》卷三

名，虛名也。貨，財貨也。身爲成道之本，豈不親於名而多於貨乎？名顯身危，蒙莊_{莊周}固辭楚相_{楚國之相位}，寧爲曳_{牽引}尾之龜①。天師_{張道陵}不就_{就職}大夫_{漢章帝下詔召爲諫議大夫}，願學軒轅_{黃帝}之道。② 是知身親而名疏也。

得與亡孰病？

《纂微》曰：此釋上兩句也。夫虛名浮利，得之乎輕羽，性命形神，亡之若太山。達人校量_{衡量、考察}，孰者爲病_害。《道德真經藏室纂微篇》卷六

李榮曰：名者，外之稱譽。貨者，俗之財帛。身爲忠孝，及爲修至道，而弱喪者_{安於所在而不知歸於故鄉也}不返，逐欲者失真，爲名以煞_{同"殺"}身，因財而害己，迷淪_{迷失、沉淪}者衆，

---

① 成玄英《莊子·秋水》疏曰："此龜者，寧全生遠害，曳尾於泥塗之中。"

② 《張氏家傳》云："天師姓張名道陵，字輔漢，留侯六代孫也。性沉默好古，博極經史，兼明星氣圖緯之學，賑人之急，不擇親戚，名動朝野。漢章帝下詔召爲諫議大夫，不就。喟然謂弟子曰：'人上壽百歲，瞬息間爾。父母妻子雖至愛，豈能長保哉？且吾身尚非吾有，況其外之貴富耶？吾聞上世軒轅喬松得道，登天游於無窮，此吾師也。吾將棄世絕累而學之，請與爾等自此決矣。'"

聖人詳問，爲得名貨與亡身者，誰爲病矣。《道德真經注》

吕吉甫曰：所徇者名，則世謂之君子。所徇者貨，則世謂之小人。君子小人之所徇，雖或不同，而亡其所存則一也。然則得名與貨而亡其存，則不知亡之病於得也，故曰"得與亡孰病"。《道德真經傳》卷三

是故甚愛必大費，多藏必厚亡。

唐明皇曰：甚愛名者必勞神，非大費耗費乎？多豐厚藏貨者必累身，非厚亡損失乎？《唐玄宗御注道德真經》卷三

劉進喜[①]曰：貪欲無厭，謂之甚愛。欲甚喪身，故云大費。

吕吉甫曰：愛名，欲以貴其身也，以甚愛之，故并其良貴最貴而失之，是大費也。蓄貨，欲以富其身也，以多藏之，故并其至富而害之，是厚亡也。《道德真經傳》卷三

知足不辱，知止不殆，可以長久。

唐明皇曰：辱，損累也。殆，危亡也。夫不邇近聲名，知足也。不殖增加經營貨財，知止也。知足故名當其實而無過分之累，知止故貨不多藏而無貪求之害，既不辱不殆，乃可

---

① 劉進喜，《古今圖書集成·理學彙編·經籍典》："道士劉進喜《老子通諸論》一卷，又《顯正論》一卷。"《古今圖書集成·理學彙編·經籍典·老子部彙考四·杜光庭老子箋注》："隋道士劉進喜疏六卷。"據此可知，劉進喜爲隋朝道士，曾著《老子通諸論》一卷，《顯正論》一卷，《老子疏》六卷，另劉進喜造《太玄真一本際經》五卷，《正統道藏》太平部收錄一卷。

長存而久壽也。《唐玄宗御制道德真經疏》卷六

　　李榮曰：不分外以求名，遠恥辱也。不非理以規_{規求、謀}求財_{求財}，無危殆也。外之於名利，遠之於危殆，治國可以長存，修身可以長久。《道德真經注》

　　呂吉甫曰：夫唯有德者，知至貴之在己，而無待於名也，故知足而不辱。知至富之在己，而無待於貨也，故知止而不殆。不辱不殆，則可以長久。《道德真經傳》卷三

　　此章之意欲學長生久視，當先絕利忘名。若名利不除，身心俱役，不唯有妨於道，久必於身爲患。是以古之得道者，不邇聲名，不殖貨利，雖三旌_{公、候、伯三公}之位，萬鍾_{古量名}之禄_{優厚之俸禄}，棄之若弊屣_{破舊鞋子，喻無用之物}，視之如浮雲，或樂簞瓢_{生活簡樸，安貧樂道}，或居圜堵_{墻角}，國卿_{君之貳也，民之主}不能識，天子不得臣，林宿巖居，松飡澗飲，豈以蝸蠅_{蝸牛蠅蟲}之浮幻，害性命之至真，此最爲學道之至戒，修身之要務。故引古爲證，欲修真之士，脫此韁 jiāng 鎖_{枷鎖、羈絆}而已。

大成若缺章第四十五

大成若缺，其用不弊；

　　御注：域中有四大_{道、天、地、王}，道居一焉。體道之全，故可名於大。無成與虧，是謂大成_{完滿}。不有其成，故若缺。知化合變，而不以故自持，故其用不弊_{衰竭}。此孔子所以集大成而爲聖之時。《宋徽宗御解道德真經》卷三

河上公曰：謂道德大成之君，若缺者，滅名藏譽，如毀缺不備也。其用心如是，則無弊盡之時。《道德真經注》卷三

《纂微》曰：缺，破也。弊，困敗也。大成謂全德之君子也。夫德充於內者，故能包荒含穢謂度量寬大，支離其形，若器之缺玷，罕見其用，故得保其完全，而無困敗之弊也。《道德真經藏室纂微篇》卷六

功成者虧，功成不居，是以不去。名成者隳毀壞，無爲名尸，其名不去。至人睹成壞之相，因去功與名，還與衆人，其道大成而常若缺也。唐堯有成功而自視缺然，爲五帝黃帝、顓頊、帝嚳、唐堯、虞舜之盛。孔子集大成而不居其聖，爲萬世之師。其用愈久愈新，豈有弊耶？

大盈若沖，其用不窮。

御注：充塞無外，贍足安定而備足萬有，大盈也。虛以應物，沖虛而用之，故施之不竭，其用不窮。良賈深藏，若虛盛德，容貌若愚。《宋徽宗御解道德真經》卷三

呂吉甫曰：萬物酌猶"取"焉而不竭，是盈也。然益之而不加益，故若沖。唯若沖，故其用日給而不窮。《道德真經傳》卷三

羅什曰：智無不積爲滿，空而能正曰沖。言大滿之人，能忘其滿，雖滿若虛，虛則不竭。用能如此，則無窮極。

月盈則虧，志滿則損，至人知盈虛之有數，雖盈而常若沖也。

大直若屈，

王弼曰：隨物而直，直不在己，故若屈。《道德真經注》卷三

羅什曰：理正無邪曰直。隨物曲成_{乘變以應物}，不係一方者爲屈。

身可屈也，道不可屈也。大直者，屈身以伸道也。柳下惠直道_{猶正道}三黜而不去。

大巧若拙，

蘇子由曰：巧而不拙，其巧必勞，付物之自然，雖拙而巧。《道德真經注》卷三

劉進喜曰：匠成萬物，鑪 lú 錘_{錘煉}群生，有大功巧而忘功用，晦迹同凡，故曰拙也。

大巧在所不爲，因自然以成器。不造作無巧功，賦物之形，方圓曲直不睹其妙，故若拙。刻彫衆形而不爲巧，非其驗乎。有如梓慶_{姓梓、名慶}，魯大匠之削鐻 jù，樂器，似夾鍾。_{參《莊子·達生》}，非若宋人之刻楮 chǔ，喻技藝工巧。_{參閱《韓非子·喻老》}。

大辯若訥。

御注：不言之辯，是謂大辯。惠施①_{多方}_{學識淵博}，其辯小矣。《宋徽宗御解道德真經》卷三

羅什曰：智無不周爲大辯，非法_{不合規範}不說故稱訥_{言難}

———

① 惠施（約前370—約前310），亦稱惠子，戰國時宋國人，名家代表。

貌。

蘇子由曰：辯而不訥，其辯必窮。因理而言，雖訥而辯。《道德真經注》卷三

躁勝寒，静勝熱，清静爲天下正。

呂吉甫曰：夫寒熱者，天地之所爲，有形之所不能免也。而一躁借爲“燥”焉可以勝寒，一静焉可以勝熱，一時之躁静，猶可勝天地之所行，況夫體無爲之清静，以爲天下正所以正人也，含模範之意，安往而不勝哉？《道德真經傳》卷三

此章之義，先言諸大，終之以清静爲天下正。老君言得悟道者，常清静矣。悟道之人，必静必清，唯見於空，乃能如上諸大。

天下有道章第四十六

天下有道，却走馬以糞；

御注：以道治天下者，民各樂其業而無所爭，糞耕種、治理其田疇耕熟而其田有疆界者，泛指田地而已。《宋徽宗御解道德真經》卷三

有道者，謂人主有道也。却者，去也。走馬者，馳走之馬也。糞者，糞田也。言有道之君，臨莅天下，少欲知足，無求於外，兵甲不用，偃止武武備修文文教，無戰逐之事，唯本業之修，故却去馳走之馬，以治農田。治身者意馬喻難以控制

之心神不馳，丹田_{道教語，人體中産藥結丹之處}自實。

天下無道，戎馬生於郊。

温公曰：貪欲無厭，捨内競逐、爭外。《道德真經論》卷三

天下無道之君，縱欲攻取，戰伐不止，故兵戎之馬，寄生於郊境之上，久不得還也。邑外曰郊，躁競之夫，不能少欲知足，遂使坐騁走馬，奔馳聲色之郊。

罪莫大於可欲，

御注：不見可欲，使心不亂，人之有欲，至於決性命之情以爭之，罪之所起也。《宋徽宗御解道德真經》卷三

唐明皇曰：心見可欲，爲罪大矣。《唐玄宗御注道德真經》卷三

張君相曰：前境_{即妄心前現之六塵境}美麗，稱可欲心，故言可欲。然境能適心，是起罪之緣，緣境不止，必獲大罪。

禍莫大於不知足，

御注：平爲福，有餘爲禍，知足不辱，何禍之有？《宋徽宗御解道德真經》卷三

王元澤曰：外求無厭，失性生禍。

不知性分之至足，而貪求外物，則使"遭濁辱_{染污}，流浪反復生死，常沉苦海_{喻無窮苦境}，永失真道"《太上老君說常清靜妙經》，禍莫大於兹矣。

咎莫大於欲得，

大孟①曰：得中_{適中、適宜}求取，而又得，又不厭得中，故更欲得。心既無涯，必招大咎。此言無道之徒，縱性任情，殃咎斯至，積惡不已，存亡俱累，罰止一身罪也，下及子孫禍也，上誤祖先咎也。

《纂微》曰：咎，殃咎也。夫物之經目_{過目}，猶有限也。天下之物，見與不見，咸欲得之，使盡在己而靡有孑遺_{餘遺}者，此無道之甚也。豈唯禍及一身，抑亦殃咎來世。夫罪者，言人違於禁令，初犯其非，名之爲罪，道家悔過。《經》_{《老君悔過經》}曰："初犯爲罪，亦名爲過，過言誤也，犯過一千八百爲禍，禍重於罪矣。犯過二千一百六十爲咎，咎又重於禍矣。"此三者皆無道君子之所爲也。_{《道德真經藏室纂微篇》卷七}

天下之物，見與不見，所欲必令皆得，欲而得之，人所咎也。自取戾曰罪，違神而爲禍，違人而爲咎，由可欲至於不知足，不知足則欲得也。有罪則有禍，有禍則有咎，咎則獲戾於衆人也。罪莫大於禍，禍莫大於咎，此次序之然也。

---

① 大孟即孟景翼，字輔明，時人稱之爲大孟，平昌安丘（今山東曲阜東南）人，一說吳興（今浙江）人，南朝齊梁時人。朱法滿《要修科儀戒律鈔》卷十五："大孟先生，諱景翼，字輔明。"曾著《正一論》，認爲"道之大即佛之法身"。

故知足之足，常足矣。

御注：人見可欲則不知足，不知足則欲得，欲得則爭端起而禍亂作。泰驕縱、傲慢至則戎馬生於郊，然則知足而各安其性命之分，無所施其智巧也。日用飲食而已，何爭亂之有。《宋徽宗御解道德真經》卷三

舒王曰：墨子曰："非無安居也，我無足心也。非無足財也，我無足心也言不肯苟安，如好利之不知足。"《墨子·親士》萬物常至於足，而有所謂不足者，以其無足心也。得道者知其足心足財，故曰"知足之足，常足矣"。

王元澤曰：各盡其性分，則何不足之有。

此章言以道莅天下者，內自知足，外無貪求，故絕爭戰之事，無殃咎之禍。修身者少欲知足，意馬不馳，丹田自守，乃爲有道之士矣。

卷之八

不出户章第四十七

不出户，知天下；不窺牖，見天道。

車惠弼曰：行人虛懷內静，不馳心於世俗，末役思於攀緣心隨外境紛馳而多變，以真炤偽，事無不悉洞悉也。

陸佃曰：夫萬物皆備於我矣，有天道焉，有地道焉，有人道焉。反身求之而不誘於外，則人之道可以不出户而知，天之道可以不窺視牖窗而見。

天下雖大，聖人知之以道。天道雖遠，聖人見之以心。心與道合，以道觀天下，無遠之不察，故無待於出户。以心見天道，無高之不至，故無待於窺牖。楊子曰：“人心其神矣乎？人心如神，變化無方。操則存，捨則亡，能常操而存者，其唯聖人乎？聖人存神索至求其至，和同通“和”天人之際，使之無間言至微者也。”《法言·問神》

其出彌遠，其知彌少。

蔡子晃曰：明無道者，不能察己知人，馳心逐境，雖復出户遠游，境界窺牖，瞻望_{遠望}星辰，其於知見甚爲寡少，以其捨己而求於外也。

呂吉甫曰：今夫天下之大，固無窮也，必待出而後知之。則足力_{兩腿之氣力}，喻行不至之所及者寡矣，所知者幾何哉？天道之遠，固不測也，必待窺而後見之。則目力_{喻視之不至}之所及者寡矣，所見者幾何哉？故曰"其出彌遠，其知彌少"。《道德真經傳》卷三

王元澤曰：無極之理盡於一塵，纖細慮不萌，萬緣已現。學道之要豈不在兹，而彼乃遠出以求，亦已昧矣。彌遠彌少，不其然歟？

是以聖人不行而知，不見而名，不爲而成。

御注：以吾之智而知天下，是謂不行而知；以吾之心而以見天道，是謂不見而名。不行而知，不見而名，夫何爲哉？巍巍_{高大貌}乎其有成功也，是謂不爲而成。《宋徽宗御解道德真經》卷三

其知如神察於人倫，堯、舜知天下可知矣。則法_{其可法者曰則}天之大與天之合，堯、舜見天道可知矣。不行而知，不見而名，夫何爲哉？恭己_{恭謹以律己}，聖人敬德之榮正南面而已_{無爲而治}，故曰"不爲而成"。

此章主道而言也,有天道焉,有人道焉。天人雖異,其道相通。聖人以心合道,天下雖大,可不出户而知。天道雖遠,可不窺牖而見。不行而知,不見而名,不爲而成。

爲學日益章第四十八

爲學日益,爲道日損。

御注:學以致其道,始乎爲士,終乎爲聖。日加益而道積於厥其躬躬親、親自。孔子謂顏淵即顏回,孔門之高弟曰:"吾見其進進而未已也。"《論語·子罕》致道者墮毁廢支體,黜退除聰明,離形去智,而萬事銷忘,故曰損。"籧qú伯玉①所以行年六十而六十化。"②《莊子·則陽》。《宋徽宗御解道德真經》卷三

修真之人始乎務學以爲士,終乎得道以爲聖。方務學以窮理,物物而求通,故曰益矣。爲道盡性而極乎至虛,物物知非不期乎損,而所有漸銷矣。先言爲學者,若不學則見善不明,通道不篤,無以致道。既致道當絶學,若不絶學,則聞見之多則以博溺,心不能體道,故後言爲道日損也。故曰:"始乎務學以致道,終乎得道以絶學,乃爲全真之士矣。"

---

① 籧瑗,字伯玉,謚成子,春秋時衛國大夫。
② 成玄英疏曰:"盛德高明,照達空理,故能與日俱新,隨年變化。"

損之又損之，以至於無爲，

成玄英曰：爲學之人，執於有欲。爲道之士，又滯無爲。雖復淺深不同，而二俱有患。今欲祛此兩執執有、執無，故有再損之文，既而前損損有，欲後損損無，爲學道二偏偏有、偏無雙遣，非有非無，一中①斯契。

舒王曰：窮理盡性，必至於復命。故損之又損，以至於無爲者，復命也。然命不亟復也，必至於消之復之，然後至於命，故曰"損之又損，以至於無爲"。

呂吉甫曰：損之者未免乎有爲也，并其損之者而損焉與損及損者一并損之，而後至於無爲。《道德真經傳》卷三

無爲而無不爲。

羅什曰：損之者無粗而不遣，遣之至乎忘惡。然後無細而不去，去之至乎忘善。惡者非也，善者是也，既損其非，又損其是，故曰"損之又損"。是非俱忘，情欲既斷，德與道合，至於無爲。己雖無爲，任萬物之自爲，故無不爲也。

王弼曰：有爲則有所失，故無爲乃無所不爲。《道德真經注》卷三

呂吉甫曰：無者無有而已，無不爲者乃所以無無也，此之謂絕學無憂。爲學者日益其所無，爲道者日損其所有。損之者損其所有也，尚有所損之心，至於又損，兼忘此心，故無爲也。寂然不動，無不爲也，感而遂通天下之故。《經》《道德經》

---

① 中，不偏之謂中，此亦受佛教中觀學影響。

三十七章曰："道常無爲而無不爲。"《道德真經傳》卷三

取天下常以無事，

劉仲平曰：孔子稱堯曰："蕩蕩_{廣遠之稱}乎民無能名_{不可以}_{言語形容焉}。"《論語·泰伯》稱舜曰："無爲而治。"《論語·衛靈公》治至於此，百姓皆謂我自然矣。自非無事，以取_治天下，曾何足以及此！

無事者，道之真。聖人體道之真，天下歸懷_{嚮往、歸附}，此無事所以取天下。

及其有事，不足以取天下。

御注：天下，大物_{廣大土地及民人也}。"有大物者，不可以物，物_{不能用物而爲物用，即是物耳}而不物，故能物物_{不爲物用而用於物}者。"《莊子·在宥》故取天下者，常以無事。天下神器不可爲也，爲者敗之，執者失之，故及其有事，不足以取天下。聖人體道而以其真治身，帝之所興，王之所起，偶而應之，天下將自賓。太王亶_{dǎn}父所以去邠_{bīn}，同"豳"，古國名而成國於岐山之下。①

---

① 《史記·周本紀第四》：公叔祖類卒，子古公亶父立。古公亶父復脩后稷、公劉之業，積德行義，國人皆戴之。薰育戎狄攻之，欲得財物，予之。已復攻，欲得地與民。民皆怒，欲戰。古公曰："有民立君，將以利之。今戎狄所爲攻戰，以吾地與民。民之在我，與其在彼，何異？民欲以我故戰，殺人父子而君之，予不忍爲。"乃與私屬遂去豳，度漆、沮，逾梁山，止於岐下。豳人舉國扶老攜弱，盡復歸古公於岐下。及他旁國聞古公仁，亦多歸之。於是古公乃貶戎狄之俗，而營築城郭室屋，而邑別居之。作五官有司。民皆歌樂之，頌其德。

《宋徽宗御解道德真經》卷三

　　唐明皇曰:有事則煩勞_{勞累},煩勞則凋弊,故不足以取
天下。《唐玄宗御注道德真經》卷三

　　此章首言爲學者將以致道也。致道忘心,故損之又
損,以至於無爲無事。無爲者道之常,無事者道之真,此所
以取天下也。《西升經》[①]云:"無爲無事,國實民富。"

聖人無常心章第四十九

聖人無常心,以百姓心爲心。

御注:聖人之心,萬物之照也。虛而能受,靜而能應,
如鑑對形,以彼_{照者}妍醜,如谷應聲,以彼_{發聲者}巨細,何常之
有疏_{區分}。觀萬物而知情,因民而已,此之謂百姓爲心。莊
子曰:"卑而不可不因者,民也。"[②]《莊子·在宥》。《宋徽宗御解道
德真經》卷三

　　劉進喜曰:百姓者,衆人之總稱也。然聖人無心,有感
斯應,應隨物感,故以百姓爲心。既無心應,亦無不應。

------

　　①　《西升經》,道教經典,全稱《老子西升經》,作者不詳,其著作年代亦
不可定,晉朝葛洪《神仙傳》中提到此經,故推測該經約成書於魏晉之間。《正
統道藏》洞神部玉訣類收宋朝陳景元《西升經集注》六卷,洞神部本文類收宋
徽宗御注《西升經》三卷,經文均爲三十九章,但文字不完全相同。

　　②　《莊子集解·在宥》曰:"民雖卑賤,惟當因而任之,反其性則亂。"

善者吾善之,不善者吾亦善之,德善。信者吾信之,不信者吾亦信之,德信。

御注:善否相非_{責難、反對},誕虛信相譏_{譏誚},世俗之情,自爲同異,豈德_{假借}爲"得"也哉?德善,則見百行無非善者,故不善者亦善之。德信,則見萬情無非信者,故不信者亦信之。真偽兩忘,是非一致,是謂全德_{無玷缺}之人。《宋徽宗御解道德真經》卷三

王元澤曰:善惡生乎妄見①,妄見生乎自私。公於大道,則雖目睹善惡,而心無殊_異想矣。故聖人因世之情,强立毀譽,而心知善惡,本自非相_{實相},故不善之善,非憐而恕之,乃不覺有異也。忘善惡之實,真善也。故萬法雖殊,等_{平等}爲實相,信與不信,生乎自私。知一切相無非妄者,故能視不善猶善,知一切相無非實者,視不信猶信。當妄知實,當實知妄,此聖智所以異於衆人也。

聖人在天下惵惵,爲天下渾其心。

御注:方其在天下,則吉凶與民同患,雖無常心,而不可以不戒也。故所以爲己則惵 _{dié} 惵然_{恐懼貌},不自暇逸_{閒散安逸},所以爲天下則齊善否,同誕信,兩忘_{分別之兩端,如善否}而閉其所譽,渾然_{渾樸}而已。《宋徽宗御解道德真經》卷三

蔡子晃曰:以無分別之教,混有分別之心,衆生既有善不善,有信不信,有分別二,見聖人皆善皆信,究竟玄同_{與玄}

---

① 佛教語,萬物非實有,而執非實有爲實有即爲妄見。

道混同，故云渾。

王元澤曰：惵惵者，恐懼之意。

百姓皆注其耳目，聖人皆孩之。

王元澤曰：仰而法之，無知之民，動皆非理，聖人憐而誘之，如父母於赤子，恂恂_{猶循循}，善於誘導貌然適其志氣，而無忿疾_{忿怒憎惡}之心，非夫體道忘物而仁侔 móu，齊_等天地者，其孰能如此？

此章言聖人體道無心，故忘善惡，齊誕信，及其在天下惵惵然不敢易也。至於為天下，則渾然而已。百姓仰而法之，唯聖人之視聽，聖人遇_{對待、相待}之以慈，待之以厚，雖不善信者，亦善信之，此孩之也。非體道無心者，其孰能如是。

出生入死章第五十

出生入死。

蔡子晃曰：夫衆生失無為之静本，造有為之穢業①，出没隱顯，生死輪回，所以從無適有，名曰出生，自有歸無，名為入死也。

吕吉甫曰：生者死之徒_{同類}，死者生之始_{更相為始}，則生

---

① 依嗔恚而生之身、口、意三業，統稱為穢業。

死相爲_{相互替代},出入而已。《道德真經傳》卷三

陸佃曰:性無生死,出則爲生,入則爲死。

生之徒十有三,死之徒十有三。

韓非曰:四支與九竅十有三①,動静屬於生死焉。夫善攝_{調攝、養護}生者,目不妄視於采色_{絢麗之顏色},耳不妄聽於淫聲_{雅樂爲正聲,俗樂爲淫聲},鼻不妄嗅於穢膻_{骯髒},口不妄言於非道,手不妄持於凶器,足不妄履於邪徑_{小徑},動静翛_{xiāo}然_{自在貌},諸惡莫犯,此乃長生之徒也。趣_{同"趨"}死者,反於此,動静没溺_{沉迷},諸吉無有,此乃近死之徒也。夫生死之原,皆係此十三事矣,與河公_{河上公}説同。《韓非子·解老》

唐明皇曰:泛論衆生,當生安生得生理,處死順死得死理。如此者大凡十中有三爾_{安生,處死者各十有三}。《唐玄宗御注道德真經》卷三

陸佃曰:主出而陽者,生之徒也。主入而陰者,死之徒也。主出而至於求學出死以羨久生者,出之甚也。主入而求學入滅以樂久死者,入之甚也。此兩者十之中有三焉。

人之生,動之死地,十有三。

王元澤曰:貪生失理,故動皆傷性。蓋天下除無知常民之外,或殉道而爲道術,或殉欲而爲咎惡,皆由有其生而自生,故不免於死生也。

---

① 韓非以四肢與九竅和爲十有三,王弼等爲十分有三分。

人之生，動之死地者，衆人是也。矜生太厚以養傷生，故動之死地。如此之輩，亦十中有三爾。其能出是三者，則不死不生也。

夫何故？以其生生之厚。

御注：生之徒悦生而累形，死之徒趣寂滅而忘身。動之死地，桁 háng 楊者械也。夾脚及頸，皆名桁楊相接也，刑獄刑罰者相望也，是皆不知身之爲大患，生之爲有涯，而存生過厚爾。古之得道者，富貴不以養傷身，貧賤不以利累形，不樂壽，不哀夭，朝徹①而見獨②，故能無古今而入於不死不生。《宋徽宗御解道德真經》卷三

温公曰：言十人之中，大約柔弱以保其生者三，剛強以速其死者三，雖志在愛生而不免於趨死者亦三。其所以愛生而趨死者，由其自奉養太厚故也。《道德真經論》卷三

《經》曰："人之輕死，以其求生之厚，是以輕死。夫唯無以生爲者，是賢於貴生。"《道德經》七十五章

蓋聞善攝生者，

河上公曰：攝，養也。《道德真經注》卷三

《纂微》曰：老氏不自言攝生，而曰蓋聞聽説，托古之辭者，

---

①　朝徹，成玄英《莊子·大宗師》疏曰："朝，旦也。徹，明也。死生一觀，物我兼忘，惠照豁然，如朝陽初啟，故謂之朝徹也。"

②　見獨，成玄英《莊子·大宗師》疏曰："夫至道凝然，妙絶言象，非無非有，不古不今，獨往獨來，絶待絶對。睹斯勝境，謂之見獨。"

謙之辭。攝,衛也,於衛生之中得其精微,故曰"善攝生者"爾。《道德真經藏室纂微篇》卷七

陸行不遇兕虎,入軍不被甲兵,

河上公曰:陸行不遇兕虎,自然遠避害不干觸犯也。入軍_{戰爭中}不被_{施加}甲兵_{武裝兵士},不好戰以殺人。《道德真經注》卷三

成玄英曰:此明三毒_{貪、嗔、癡}不能傷害,若攝生無生,則害不能害,既内無三毒,則外三毒_{兕、虎、兵}不傷,是以"陸行不遇兕虎,入軍不被甲兵"也。何者,夫虎主嗔_{嗔恚},兕主癡_{愚癡},兵主貪_{貪欲}。

兕無所投其角,虎無所措其爪,兵無所容其刃。

舒王曰:惟善攝生者,則能無我。無我則不害於物,而物亦不能害之矣。

莊子曰:"人能虛己_{無心}以游世,其孰能害之!"《莊子·山水》

夫何故?以其無死地。

王元澤曰:無死地者,由其無生。彼無生者,湛然常生,而不自生,故未嘗死未嘗生。道至乎此,則雖其形有禪_{授予},而神未嘗變,安得死乎?此中國之神聖,而西方之佛也。若然者變化無常,水火不能焦濡,斫_{斧砍}撻_{鞭打}不能創病_{傷病},乘虛觸實,往無不通,則物欲有之而不得,況能傷之哉?或曰:然則何以謂之攝生?曰:降此一等_{無死地},便爲死

生。所有攝生,必至於此,然後生常存也。是比於含德之厚者,又其至矣。

溫公曰:兕虎以喻強暴。處強暴之間而不見害者,以其柔弱不爭故也。《道德真經論》卷三

羅什曰:地,猶生也。以其攝生無生,故三毒不能傷害。

此章言生死之道,以十言之,各具三焉。惟善攝生之人,道通於一,出此三類,雖虎兕刀兵亦不敢傷害,故言以其無死地。

道生之章第五十一

道生之,德畜之,物形之,勢成之。

御注:形質既具,體勢形體態勢斯成,長短之相形,高下之相傾,其勢環境然也。《宋徽宗御解道德真經》卷三

呂吉甫曰:萬物之生,常本於無名之物,而其畜常在於一而未形,物得以生之際。無名者,道也。一而未形,物得以生者,德也。及其為物,則特形而已,非其所以生且畜也。已有形矣,則倮者無毛羽等包裹之生物不得不倮,鱗介泛指有鱗及介甲之水生動物羽毛者鳥獸不得不鱗介羽毛,以至於幼壯老死不得不幼壯老死,皆勢之必然也。故曰“道生之,德畜之,物形之,勢成之”。《道德真經傳》卷三

道生神,德布氣,流動而生物,物生成理謂之形。

是以萬物莫不尊道而貴德。

呂吉甫曰：勢出於形，形出於德，德出於道。道德本也，形勢末也，本尊而末卑，本貴而末賤，是以萬物莫不尊道而貴德。《道德真經傳》卷三

道者，萬物之所由也，降純精而生物之性。德者，物之所得也，捨和氣而養物之形。道生物而爲父，則道尊而物卑，尊故能勝物而小之，莊子所謂真君主宰是也。德畜物而爲母，則德貴而物賤，故物莫能賤之，莊子所謂真宰主宰是也。尊者如君父，貴者如金玉，此尊貴之異也。

道之尊，德之貴，夫莫之爵而常自然。

唐明皇曰：言道德之尊貴，非假爵命封爵受職，但生成之功，被物而常，自然尊貴爾。《唐玄宗御注道德真經》卷三

王元澤曰：命受命於天則爲天子，命於天子則爲諸侯，有所受命則出命者能賤之。唯道在萬物之先，而制其命，孰能爵之？故常自然也。

故道生之、畜之、長之、育之、成之、熟之、養之、覆之。

御注：別而言則有道德勢物之異，合而言則皆出乎道。道者，萬物之奧也。萬物化作化育生成而道與之生，萬物斂藏蘊藏、含藏而道與之成。出乎震八卦之一，在東方，成乎艮八卦之一，在東北方，養乎坤八卦之一，在西南方，覆覆庇、祖佑乎乾八卦之一，在西北方，剛柔相磨，八卦相盪，若有機關緘閉。指氣數、氣運而不能自已，道實冒覆蓋之。《宋徽宗御解道德真經》卷三

《纂微》曰:上言道生之,德畜之。此不言德者,以道之一氣無不貫穿,而略其德之文也。夫受其精之謂生,函容其氣之謂畜,遂順應、符合其形之謂長,字生其材之謂育,輔佐助其功之謂成,終其時終其生長之期限之謂熟,保其和之謂養,護其傷之謂覆。此八者,大道之元功大功也。肖翹飛空之類、輕小物蠕 rú,同"蠕"動爬行昆蟲之物,得不尊之貴之乎?《道德真經藏室纂微篇》卷七

生而不有,爲而不恃,長而不宰,是謂玄德。

御注:生則兆於動出,爲則效於變化,長則見於統一,道之降而在德者爾。然生而不有其功,爲而不恃其能,長而不睹見其刻傷害,制之巧非德妙,而小者孰能與此? 故曰"是謂玄德"。《宋徽宗御解道德真經》卷三

《纂微》曰:此都結上生、畜等八義也。言道之生乎萬物,若顯其有,則收取其仁矣。養乎萬物,若恃其爲,則居其功矣。長育群材,成熟庶類,載覆動植,若矜其宰,則處其長矣。有是而退藏於密,可謂陰德潛蓄而不著於外之德行深矣、遠矣。《道德真經藏室纂微篇》卷七

唐明皇曰:具如載營魄章所釋。彼章言人修如道,此章言道用同人。《唐玄宗御注道德真經》卷三

此章言道德生畜萬物,萬物尊貴道德。道至尊,德至貴,孰能爵之? 常自然而已。然散而言之,則有道德之異,合而言之,皆出於道,故以玄德終焉。是以知道德混沌,玄

妙同也。

天下有始章第五十二

天下有始，以爲天下母。

呂吉甫曰：天下有始，以爲天下母。則《經》所謂"吾不知其名字之曰道"《道德經》二十五章者是也。無名，天地之始；有名，萬物之母。道常無名而爲天下母，何也？蓋有名徒爲萬物母，而未足爲天下母。無名，天地之始。則自天而下，皆生於無名，故曰"天下有始，以爲天下母"也。《道德真經傳》卷三

始者，道也。道爲天下萬物母也。始與母皆道也。自其氣之始，則謂之始。自其生生，則謂之母。有始則能生生矣。

既得其母，以知其子；

御注：道能母萬物而字之，則物者其子也。通於道者，兼物物不爲物用而用於物者也，故得其母，以知其子。《宋徽宗御解道德真經》卷三

王元澤曰：萬物由道以出，道爲之母，物謂之子。得道，則萬物之理不待識而知。

既知其子，復守其母，

河上公曰：既知天下萬物之理，當復守道反無爲。《道德真經注》卷三

没身不殆。

王元澤曰：夫見理之後，逐理不反，則妄作爲凶，失道遠矣。故知子守母，乃常不殆也。

既知其子，復當守道，棄智慮反無知以自保，故終無危殆之患。

塞其兌，閉其門，終身不勤。

河上公曰：兌，目也，使目不妄視。門，口也，使口不妄言。《道德真經注》卷三

吕吉甫曰：此則守母之謂也。心動於内，而吾縱焉，是之謂有兌事欲之所由生，有兌則心出，而交物我，則塞其兌而不通，不通則心不出矣。物引於外，而吾納接受、接納焉，是之謂有門事欲之所由從。有門則物入，而擾心我，則閉其門而不納，不納則物不入矣。内不出，外不入，雖萬物之變，芸芸衆多貌於前，各歸其根，而不知矣，夫何勤勞之有哉！《道德真經傳》卷三

開其兌，濟其事，終身不救。

舒王曰：没者，存之對。終者，始之對。以事對門者，閉其門，則事之不入可知矣。濟持其事，則門之不閉可知矣。

裴處恩①曰：開其五欲色、聲、香、味、觸五境升起之五欲之門，

---

① 裴處恩，作《老子注》二卷，《道德真經注疏》《三十家老子注》《道德真經取善集》等有收録。

濟其六塵色、聲、香、味、觸、法之事，心神內疲，耳目外困，終身勞倦也。

見小曰明，

《纂微》曰：此謂防於未萌，治於未亂也。若知塞兌閉門之術，是見於微小也。見微小則事不能昏，可謂明矣。《道德真經藏室纂微篇》卷七

夫惟守其母者，每見其心於動之。微小者，道之微。見道之微者，自知而已，故無不明。

守柔曰強。

張君相曰：順道無違曰柔，始終不損曰強健，剛強。

呂吉甫曰：守無形之至柔，而物莫之勝也。《道德真經傳》卷三

用其光，復歸其明，

御注：明者，光之體。光者，明之用。聖人之應世，從體起用，則輝散為光。攝用歸體，則智徹為明。顯諸仁道之為體，顯見仁功，衣被萬物，藏諸用潛藏功用，不使物知，如彼日月萬物，皆照而明，未嘗虧，所以神明其德者是也。《宋徽宗御解道德真經》卷三

河上公曰：用其光於外，復當反其光明於內，無使精神泄也。《道德真經注》卷三

無遺身殃，是謂襲常。

御注：物之化無常也。惟復命者遺離物離人，復歸於

明,而不與物俱化,故體常而無患,與形諜便僻成光舉動便僻而成光儀者異矣。《宋徽宗御解道德真經》卷三

顧歡曰:若開其兌,濟其事,殃咎必至。至非外禍,是自與施與身殃。

回光反照自我省察,內視閉目不視外物,專心一意,氣沉丹田存神,不爲漏失,則終身不至於有殃咎,是謂密合常久之道。

此章主守母之義也。道者物之母,而物者道之子。塞兌閉門,見小守柔,以至應物用光復當反照,皆守母之義也。故其道常存,永無殃咎,是密用真常之道也。

使我介然章第五十三

使我介然有知,行於大道,唯施是畏。

陸佃曰:夫道以無欲守,以無知行,故曰:"使我介然微小有知,行於大道,唯施邪行是畏。"蓋有知者,於內不能無所矜,於外不能無所徇炫耀,夸示,是以動而有所畏。

介者小而辨,於物小有知,於道而由大。道以行者,己憚於施設矣,況有大知者乎? 何則至人之道,不以末傷本也。施爲盛於外,則根本虛於內矣。故行於大道者,纖慮不萌,萬緣俱息,不容有介然之知矣。齧niè 缺上古賢人問王倪齧缺之師,所對四問而四不知。典出《莊子·齊物論》

大道甚夷,民甚好徑。

陸佃曰:不由道路,取疾而行,謂之徑。

夷,平易也。徑,邪同"斜"不平正也。迷民捨大道而弗由,好邪徑而求捷,欲速以邀近功,用知求道而去道也遠。又豈知大道以不知而知,則夷之甚者也。民乃欲以有知求之,是好徑而不知所内也。澹 tán 臺滅明①者,行不由徑,是行於大道也。邪徑之弊,具如下文。

朝甚除,

顧歡曰:除,修也。好徑之人,唯以修朝爲善也。

紂商紂王惟宮室臺榭 xiè,楚楚靈王之章華章華臺,秦秦始皇之阿房阿房宮,皆是也。

田甚蕪,

河上公曰:高臺榭,宮室修,農事廢,不耕治,而失時農時也。《道德真經注》卷三

顧歡曰:草長曰蕪。蕪,荒廢也。夫峻高大宇彤飾畫牆,

---

① 澹臺滅明,姓澹臺,名滅明,字子羽。孔子弟子。春秋末年魯國人。其年齡,一説"少孔子三十九歲"(《史記·仲尼弟子列傳》),一説"少孔子四十九歲"(《孔子家語·七十二弟子解》),據子游少孔子四十五歲,宜用《家語》説。其籍貫,文獻無直接記載,從《論語·雍也第六》看,子游爲武城宰,發現澹臺滅明,并薦於孔子,《左傳·哀公八年》説到澹臺滅明之父與魯之武城長官爲友,則澹臺滅明應是武城(今之山東平邑縣南)人。

窮侈^{驕侈之過}極麗^{美好至極}，則人力凋盡，田蕪荒廢，內明徇名好利，棄少求多，道業不修，丹田蕪廢也。

田萊^{休而不耕者多荒}，《詩》所以刺^{諷刺幽王}幽王^{周幽王也}。

倉甚虛。

舒王曰：朝甚除，治也。其田反至於蕪，其倉反至於虛。倉，本也。今乃蕪虛，是由人棄大道，而趨邪徑也。

王元澤曰：田事治，倉積實，國之本也。今務除其朝廷，以爲一時之榮觀，而不恤根本之已竭，豈持久之道乎！明以末傷本者，皆然也。

服文彩，

河上公曰：好飾僞，貴外華。《道德真經注》卷三

青赤爲文，色絲爲采。

帶利劍，

成玄英曰：黼 fǔ 黻 fú，白與黑爲黼，青與赤爲黻，皆文衣^{文繡}，以麗^{華麗}其身。干將鏌鋣①，以衛其命。

厭飲食，財貨有餘，

韓非曰：夫入其國，其政教可知也。觀朝闕甚修除，牆宇甚雕峻，則知國君好土木之功，多游嬉之娛矣。觀田野

① 春秋時，吳國劍匠干將奉吳王之命造寶劍一雙，雄劍名干將，雌劍名鏌鋣。參閱東漢趙曄《吳越春秋》卷四《闔閭內傳》。

甚荒蕪，農事失耕治，則知國君好力役勞役，奪民時矣。觀倉廩穀藏曰倉，米藏曰廩，泛指倉庫甚空虛，農夫多殍 piǎo 餓餓死之人，則知國君好末作古指工商業，廢本業矣。觀衣服多文采，質喪而貴華，則知國君好淫巧，蠹 dù，損害女工指女子所做紡織、刺繡等事矣。觀佩帶皆利劍，剛強侵陵人不循軌度而競鬥爭鬥，則知國君好武勇，生國患災難、禍患矣。觀飲食常厭飽足飲，烹肥肥肉而擊殺鮮新殺之肉，則知國君好醉飽，忘民事矣。觀財貨常有餘，務多藏珍異，則知國君好聚斂，困民財矣。仲尼曰"百姓不足，君孰與足？"《論語·顏淵》，此之謂也。①

唐明皇曰：烹肥擊鮮，重滋味，厭飫 yù，安食者，無事之食足也。聚斂積實饒多、豐、厚珍異。《唐玄宗御注道德真經》卷三

王元澤曰：侈費於外，以取一時之適，而忘本業，此明好施以傷本者。一本作貨財。

紂實鹿臺②之財，盈鉅橋③之粟。

是謂盜誇。非盜也哉！

羅什曰：取非其有曰盜，貴己之能曰誇。

---

①　此段文字不見於《韓非子》各篇，僅出現在宋陳景元《道德真經藏室纂微篇》卷七及此處。

②　鹿臺，傳爲殷紂王所築，故址位於今河南省湯陰縣朝歌鎮南。《尚書·武成》："散鹿臺之財，發鉅橋之粟。"

③　鉅橋，商國家倉廩。故址位於今河北曲周東北古衡漳水東岸，倉側水上有大橋，故名。《史記·殷本紀》：商紂王"厚賦稅以實鹿臺之錢，而盈鉅橋之粟"。

　　盗者,陰取於人而畏人知。如上七事,皆徇末忘本,取非其有,仍不自隱密,誇大於人,是謂盗誇。既矜豈能持久,故曰"非道"。

　　此章言行於大道者,不可介然,有知若小有所知,則施爲盛於外,根本虛於內,是棄大道而趨邪徑也。大道者本也,末盛則本衰,下文皆以末傷本而施之過也。

卷之九

善建者不拔章第五十四

善建者不拔，

御注：建建立、創設中以該上下故不拔去、除。《宋徽宗御解道德真經》卷三

《節解》①曰：言行人君子，善以道德建立身心，無德可彰，無迹可顯，則深根固蒂，不爲是非欲惡之所抽拔拔除。若建者伐德求名，顯功希報，美善既彰，冥功不著，終爲無

---

① 《節解》，即《老子節解》，其著者不祥。唐陸德明《經典釋文·敘録》載《老子節解》二卷，陳"不祥作者，或云老子所作，一云河上公作"。唐王懸河編《三洞珠囊》卷八引述《老子節解序》云："老子以無極靈道元年七月甲子，授關令尹喜《五千文節解圖》"。唐末杜光庭《道德真經廣聖義》稱《節解》有上下，係老君與尹喜解。《宋史·藝文志》則著録爲"葛玄《老子道德經節解》二卷"。嚴靈峰在《輯葛玄老子節解》中認爲，《老子節解》與葛玄《老子道德經序訣》"内容、旨趣若合符節"，都不外乎"道家、方士、神仙、導引、服氣、養生之法"，因此定《老子節解》爲葛玄所著，應從嚴靈峰先生説。此書已佚，僅存於顧歡《道德真經注疏》，强思齊《道德真經玄德纂疏》及李霖《道德真經取善集》諸書。

常業障佛教語,謂妨礙修行證果之罪業之所抽拔。故《淮南子》曰:
"善建者相貌。"①金剛,火能銷之;火熱,水能滅之;水流,土
能塞之;木强,斧能伐之。唯是建於無建者,不可拔也。

善抱者不脱,

《纂微》曰:善以道抱元守一者②,則精神完全,而不脱
失也。《道德真經藏室纂微篇》卷七

舒王曰:抱,一也。抱一而不離,則不脱矣。

子孫祭祀不輟。

御注:建中而不外乎道,抱一而不離於精。若是者,豈
行一國與當年,蓋將及達到天下與來世,其傳也遠矣。《宋徽
宗御解道德真經》卷三

唐明皇曰:言善以道德建抱之君,功施於後,愛其甘棠
木名,果味酸甜,又名杜梨、棠梨,況其子孫乎? 而王者祖有功,宗
有德。故周之興也,始於后稷周之先祖,成於文周文王武周武王。
周之祭也,郊祀祭天后稷,宗祀祭祀祖先,也稱廟際文王。故雖卜
代朝代三十,卜年國運之年數七百,毁廟③之主,流溢於外,而后
稷、文王郊宗之祀,不輟止也。《唐玄宗御注道德真經》卷三

---

① 與《淮南子·主術訓》"善建者不拔"略異。

② 指修煉時使神與氣貫通一氣,流行上下,而達返本歸元混同太虛之
境。

③ 毁廟,謂親過高祖,毁其廟,藏其主於大祖廟中。

修之身，其德乃真；

杜弼[1]曰：明以近修遠立身，以道不拔不脱，固蒂深根。以此修身，真德在己也。

修之家，其德乃餘；

河上公曰：修道之家，父慈子孝，兄友弟順，夫信婦貞。其德如是，乃有餘也。《道德真經注》卷三

王弼曰：以身及人也。修之身則真樸實，修之家則有餘，修之不廢所施轉大愈大。《道德真經注》卷三

修之鄉，其德乃長；修之國，其德乃豐；修之天下，其德乃普。

御注：修之身，其德乃真，所謂道之真以治身也。修之家，其德乃餘；修之鄉，其德乃長盛大，所謂其緒殘餘餘以治人也。修之國，其德乃豐豐盛；修之天下，其德乃普周普，所謂土糞土苴以治天下國家也。其修彌遠，其德彌廣，在我者皆其真也，在彼者特其末爾。故餘而後長，豐而後普，於道爲外。《宋徽宗御解道德真經》卷三

《纂微》曰：此五身、家、鄉、國、天下者，近修諸身，而遠及天下也。《道德真經藏室纂微篇》卷七

------

① 杜弼，字輔玄，小字輔國，中山曲陽（今屬河北）人，南北朝時北齊思想家，《北齊書》《北史》有傳。有《新注義苑》行於世。

故以身觀身，以家觀家，

曹道沖曰：察察照身之損益邪正，則知眾人矣；察家之逆順盛衰，則知他之家矣。

以鄉觀鄉，以國觀國，以天下觀天下。

御注："萬物皆備於我矣本性分內事。反身而誠真實無妄，樂莫大焉。"《孟子·盡心上》故以身觀身而身治，推此類也。天下有常，然以之觀天下，而天下治矣。《宋徽宗御解道德真經》卷三

《纂微》曰：觀者，照察也。故以先聖治身之道，反觀吾身心，若吾身心能體於道，則其德乃真矣。以先聖治家之道反觀吾家人，若吾家人能睦其親，則其德有餘矣。以先聖治鄉之道反觀吾鄉黨，若吾鄉黨能信於友，則其德乃長。以先聖治國之道反觀吾國民，若吾國民能遂其生，則其德乃豐矣。以先聖治天下之道反觀吾天下之民，能無欲無知，則其德乃普矣。《道德真經藏室纂微篇》卷七

吾何以知天下之然哉？以此。

河上公曰：老子言吾何以知天下，修道者昌，背道者亡。以此五事身、家、鄉、國、天下，觀而知之。《道德真經注》卷三

王弼曰：此上之所云也。言吾何以得知天下乎，察己以知之，不求於外也。所謂不出戶以知天下者也。《道德真經注》卷三

王元澤曰：聖人所守一道，更無異說，故其所以爲所以

知，皆由此道也。

此章首言善建抱，終之以知天下者，蓋天下之本身也。善建抱者，所謂修之身也。推此以及天下，可謂知治之本矣。

含德之厚章第五十五

含德之厚，比於赤子。

御注：惟民生厚，因物有遷，含德之厚，不遷於物，則氣專而志一。孟子曰："大人不失其赤子嬰兒也，少小之子，專一未變化之心。"《孟子‧離婁下》。《宋徽宗御解道德真經》卷三

唐明皇曰：至人含懷道德之厚者，其行比於赤子。《唐玄宗御注道德真經》卷三

呂吉甫曰：人之初生，其德性至厚也。及其長也，耳目交於外，心識受於內，而益生縱欲貪生日多，則其厚者薄矣。爲道者損其所益生，性修反德，德至同於初。故曰"含德之厚，比於赤子"。《道德真經傳》卷三

含，抱也。赤子性淳而未散，氣和而不暴。含德之人，性本至厚，不遷於薄，故比於赤子。含德之厚者，非特有赤子之容也，有赤子之心矣。

毒蟲不螫，猛獸不據，攫鳥不搏。

張君相曰：毒蟲、蜂蠆 chài，蠍類、蛇虺 huǐ，毒蛇之類，以氣

害人爲螫毒蟲用尾端刺人。猛獸虎兕之類,以足踐人爲據。攫鳥用爪取物,如鷹隼類雕鶚猛禽之類,以爪傷人爲搏。赤子無害物之心,故不爲此等諸物所害。且毒蟲喻嗔,猛獸喻癡,攫鳥喻貪,赤子絶此三惡,故不爲三毒所傷。含德之人,慈忍慈悲和忍辱久就,內不生嗔,故言毒蟲不螫。喜於諸衆生心生歡喜捨自捨己樂施與他人既成,貪愛亦盡,故喻攫鳥不搏。常有明智,永絶癡惑,故言猛獸不據。

　　夫赤子特以受沖氣之和,無害物之心,故物莫能傷,況夫充純氣之守通乎。物之所造而其和大同於物者,孰能害之! 莊子曰:"人能虛己無心游世悠游於世,其孰能害之!"《莊子·山水》

骨弱筋柔而握固,

　　河上公曰:赤子筋骨柔弱而握手握物之意固,以其意專心不移也。《道德真經注》卷三

　　赤子意專志一,心無所知,手無所用,故自然握拳牢固。

未知牝牡之合而峻作,精之至。

　　御注:德全者形全,故骨弱筋柔而握固。形全者神全,故未知牝牡之合男女交合而峻 zuī,赤子陰也,即嬰兒之生殖器作挺起、翹起,精之至者精氣充足,可以入神。莊子曰:"聖人貴精體道者寶貴精神,不蕩於物。"《莊子·刻意》。《宋徽宗御解道德真經》卷三

　　林靈素[1]曰：峻，小兒陰也。作，動也。牝牡之合，即陰陽之運會。赤子未知會合之理而動作者，至精不散也。含德之人，雖了諸法，空寂寂不廢動，而能無心應物，動作合德合時，此明身業靜。

　　王元澤曰：非有慕好於外而峻作，則是順其氣之自運而不以心者也。若自營於外而心佚於內，則精喪而死矣，安能久乎？舉世之大患，莫大於此，而學者之至戒也。

　　終日號而嗌不嗄，和之至。

　　御注：致一之謂精，精則德全而神不虧。沖氣以爲和，和則氣全而嗌不嗄。人之生也，精受於天一_{天也}而爲智之源，和得於天五[2]而爲信之本。及其至也，可以入神，可以復命。而失其赤子之心者，精搖而不守，氣暴而不純，馳其形性，潛之萬物，豈不悲夫！《宋徽宗御解道德真經》卷三

　　啼極無聲曰嗄。赤子從朝至暮，啼號聲不變易者，以其心不動而氣和也。使赤子心有所憂愠_{愠怒}，則氣戾而不和，其能若是乎？含德之人，演玄言_{道教義理}而不疲，流法音_{誦經奏樂聲}而不竭，此亦抱沖和之所致也。

----

　　①　林靈素（1075—1119），字通叟，本名靈噩，溫州（今屬浙江）人，北宋道士。少從佛門，後改道家，善妖幻及禱雨之術，深得徽宗寵信，賜號通真達靈先生，建上清寶録官以居之，又加號元妙先生、金門羽客、沖和殿侍宸等，《宋史》卷四六二有傳。

　　②　《易·繫辭上》曰：“天數五。”孔穎達《周易正義·説卦》疏曰：“正義曰：謂一、三、五、七、九也。”

知和曰常，

舒王曰：和之爲用則常而不變，故曰"知和曰常"。

人能知和氣柔弱，則制命在我，有常而不變。故致道之極，則至於復命，復命曰常。含德之厚，則至於知和，知和亦曰常。則道德雖有間，及其會於常，則一也。

知常曰明，

松靈仙曰：和是不二之中。夫道一相無相①，不爲生死所傾動傾覆、動搖，故名曰常。能知此常，則智慧日明也。

舒王曰：不明則不足以知常。

益生曰祥，

舒王曰：夫生不可益，而人常求益於生，則有凶祥。

孫登曰：生生養生，求生之厚，動之妖祥。

一受其成形，而素分本分定，生理至足，無欠無餘，以直養之，則亦至矣。從而增焉，秖 dǐ，谷物剛熟以爲贅累贅、繁冗，非徒無益，而又害之，是曰凶祥。

心使氣曰强。

御注：體合於心，心合於氣，則氣和不暴。蹶疾行者趨者，是氣也。心實使主使之，兹强逞强、暴也。以與物敵，而非

---

① 一相無相，真如實相之法乃寂滅平等，故稱一相；又一相亦不可得，故稱無相。諸法一一遍攝一切，法法互遍無際，其常體寂滅平等之實相，本來就離言説相、名字相、心緣相，故稱之一相無相。

自勝之道。《宋徽宗御解道德真經》卷三

舒王曰：氣者當專氣致柔，今反爲心之所使，不能專守於內，則爲暴矣。故曰“心使氣曰强”。《書》曰：“作善降之百祥_善。”《尚書·依訓》上章曰守柔曰强，此祥者非作善之祥，乃災異之祥。此强者非守柔之强，乃强梁之强。

王元澤曰：有心以使氣，則氣復使心。心氣交使，則天和凋喪，損其真矣。人所受者，不可益損，故增生損氣，俱爲失理。孟子有揠_{yà}，拔苗不芸_{除草}之戒，老子有益生使氣之説，凡以全其淳氣而已。此强非自勝之强，强梁之强也。

嗟乎，流俗有爲之徒，不能同其赤子之無心，縱無窮之欲，喪甚真之精，或補以藥石_{藥劑和砭石}，或行以小術_{方術之小者}，求益真元，反成疾病，故老子有益生之戒也。不能似赤子之氣和，或用意以存想_{精思凝想，不睹外物的存神之法}，或役心而行氣_{意念引導真氣在體內運行}，欲氣盛而體充，反神勞而氣耗，故老子有使氣之説也。

物壯則老，是謂不道，不道早已。

蘇子由曰：益生使氣，不能聽其自然，日入於剛强，而老從之，則其非赤子之性矣。《道德真經注》卷三

物不可以壯，壯則老矣。夫道者，“先天地而不爲壯，長於上古而不爲老”《莊子·大宗師》。若不知道之真常，而益生使氣，爲强梁之人，是物而已，豈道也哉！故曰“早已”。

此章言赤子之無心，含德之厚者似之。赤子無心害

物，而物莫之傷也。故精全而不散，氣和而不暴，知此乃真常也。不能知此，則益生使氣，而有壯老之異，失赤子之心矣，非含德之厚者也。

知者不言章第五十六

知者不言，

河上公曰：知者貴行，不貴言也。《道德真經注》卷三

成玄英曰：知道之人，達於妙理，理無言說，所以不言。

顧歡曰：明道則忘言，存言則失道，道可默契，不可口說，故莊云"道無問，問無應體道離言，有何問應"《莊子·知北游》。

言者不知。

《纂微》曰：知道者以心而不以辯，貴行而不貴言。談道者以辯而不以心，喪道而不喪說。《道德真經藏室纂微篇》卷八

道不可言，言而非也。知道者不言，故孔聖欲無言參閱《論語·陽貨》，孟子豈好辯參閱《孟子·滕文公下》。正容容儀以悟曉悟物無道之物者有之，目擊而道存者①也有之參閱《莊子·田子方》，四問而四不知齧缺問王倪，參閱《莊子·齊物論》，三問而三不答參閱《莊子·知北游》，是皆知道不可言也。且識音者口不能傳，斲 zhuó、砍、削輪者不能言，彼進乎技者尚爾，況道深微妙，

―――――――――

①　成玄英《莊子·田子方》疏曰："夫體悟之人，忘言得理，目裁運動而玄道存焉，無勞更事辭費，容其聲說。"

安可言乎? 多言數窮,離道遠矣。

塞其兌,閉其門,

御注:"塗郤 xì 守神"①《莊子·天運》,"退藏於密"②《易·
繫辭下》。《宋徽宗御解道德真經》卷三

《纂微》曰:此與第五十二章文同而旨異也。彼則約道
清静,以塞嗜欲愛悦之端。此則宗道無言,故興損聰棄明
之説。夫道無形,故不可以目視,又不可以口傳。夫至人
塞兌閉門,而善能收眠 shì,同"視"斂聰,鉗口結舌 不敢語,故曰
"塞其兌,閉其門"也。《道德真經藏室纂微篇》卷八

陸佃曰:兌者所以説物也,門者所以通物也。塞其所
悦,閉其所通,然後可以挫其鋭。

挫其鋭,解其紛,和其光,同其塵,

裴處恩曰:和其光,令光不耀。同其塵,令塵不染。

挫鋭而内不出,解紛而外不入,和光而不耀,同塵而不
染,真知者其處己如此。

是謂玄同。

蘇子由曰:道非言説,亦不離言説,然能知者,未必言。
能言者,未必知。唯塞兌閉門,以杜堵塞其外,挫鋭解紛,和光
同塵,以治其内者,默言不言,而與道同矣。《道德真經注》卷三

---

① 成玄英疏曰:"塗,塞也。閉心知之孔隙,守凝一之精神。"
② 王弼注曰:"言其道深微,萬物日用而不能知其原。"

　　玄升而入道,至於玄則小而與物辯,唯塞兌閉門,挫銳解紛,和光同塵,默而不言,而與道同矣。

　　故不可得而親,不可得而疏;不可得而利,不可得而害;不可得而貴,不可得而賤。故為天下貴。

　　御注:世之人愛惡相攻,而有親疏之態;情偽相感,而有利害之見;用捨相權_{相互平衡},而有貴賤之分。反復更代,未始有極,奚足為天下貴? 知道者忘言,忘言者泯_{泯滅好}惡,忘情偽,離用捨,而玄同於一性之內,良貴_{猶云最貴}至足,天下兼忘,故為天下貴。《宋徽宗御解道德真經》卷三

　　呂吉甫曰:若然者萬物一府,死生同狀_{冥於變化,故死生同}_{其形狀},無所甚親,無所甚疏,故不可得而親,不可得而疏。不就利,不違_避害,故不可得而利,不可得而害。"不榮通,不醜窮"①_{《莊子·天地》},故不可得而貴,不可得而賤。夫可得而親疏、利害、貴賤者,則貴在於物,而物皆賤之。不可得而親疏、利害、貴賤者,貴在於我,而物不能賤也。其為天下貴,不亦宜乎?《道德真經傳》卷三

　　不可得而親疏者,若列御寇居鄭圃②_{典出《列子·天瑞》},人無識者是也。不可得而利害者,若列子辭鄭子陽_{鄭相也,一日}_{鄭君之粟}_{典出《列子·說符》}是也。不可得而貴賤者,若曾子居衛_{典出《莊子·讓王》}是也。

---

①　成玄英疏曰:"富貴榮達,不以為榮華;貧賤窒塞,不以為醜辱。"
②　鄭圃,古地名,鄭之圃田,今河南中牟縣西南。

此章貴忘言而體道，下文皆默而成之之道也，又孰得而親疏、利害、貴賤者哉。良貴在我，物莫能賤，故爲天下貴。

以政治國章第五十七

以政治國，

體道之常之謂正_{清静之道}。正止於一而不變，道之常也。治國之道，以常爲貴。孟子曰："一正君而國定矣。"《孟子·離婁上》

以奇用兵，

顧歡曰：奇者，變詐也。臨難_{身當危難}制變，兵不厭詐，三略①九奇②，九攻百勝，此上將軍師_{出兵征伐}靖難_{同"靖難"}，平定叛亂息寇_{群行攻刧曰寇}武_{克定禍亂曰武}之功也。

劉仲平曰：雜而不純者，天下之常心也；流水流而不制_{制約、決定}者，天下之常情也。正之爲道，異於是矣。故一而不雜者，正之體也；止而不流者，正之用也。一而不雜，則不純者之所宗也；止而不流，則流而不制者之所主也。是以治國者不可以他求，以正爲守而已。若夫用兵則不然，操

---

① 三略，古兵書名，傳爲漢初黄石公作，分上略、中略、下略。

② 九奇，黄帝因井田以制兵，開方九焉。五爲陣法，四爲間地，虛其中，大將居焉。

凶器,臨危事,有萬之衆,決勝負於頃刻之間,有可以制敵,則乘權適變宜,無不可爲者。故其容與治國常異,故用奇而不以正也。

以無事取天下。

御注:正者道之常,奇者道之變,無事者道之真。國以正治,兵以奇勝,道之真無容私焉。順物自然而天下治矣。《宋徽宗御解道德真經》卷三

《雜説》曰:正可以治一國而已,奇可以用五兵泛指軍隊而已。唯其無事者,然後可以取治也天下。故曰:“取天下常以無事。及其有事,不足以取天下。”《道德經》四十八章然而湯放商湯放逐夏桀武伐武王伐紂,亦可以無事乎?曰:“然則湯武者,順乎天,應乎人,其放伐也,猶放伐一夫言衆叛親離,不復以爲君爾,未聞有事也。”

吾何以知天下其然哉? 以此。

唐明皇曰:以此,下文知之。《唐玄宗御注道德真經》卷三

天下多忌諱,而民彌貧;

《纂微》曰:忌諱,謂禁令也。人君不能無爲,而以政教治國,禁網 wǎng,各種法令繁密,民慮其抵犯觸犯,無所措其手足,避諱不暇來不及,弗敢云爲,舉動失業失其本業,日至貧窮。《道德真經藏室纂微篇》卷八

王元澤曰:事爲之禁,則民擾而失業,故貧也,此亂之所始。

人多利器,國家滋昏;

王弼曰:利器喻權謀,凡所以利己之器。民强則國家弱。
《道德真經注》卷三

王元澤曰:有利器則必有機心巧詐之心,機巧功利之心,機心
生則下難知,故國家昏也。

人多伎巧,奇物滋起;

御注:伎ᵢ巧智巧勝則人趨末,而異服奇器出以亂俗。
《宋徽宗御解道德真經》卷三

王弼曰:民多智慧,則巧僞虛僞不實生。巧僞生,則邪事
起。《道德真經注》卷三

《纂微》曰:伎巧,謂工伎巧妙也。《道德真經藏室纂微篇》卷八

法令滋彰,盜賊多有。

唐明皇曰:無爲既失,法令益明,竊法爲姦私、盜,盡成盜
賊,則豈非多有乎?《唐玄宗御注道德真經》卷三

舒王曰:法令者,禁天下之非。因其禁非,所以起僞。
蓋法出姦生,令下詐起,故曰"法令滋彰,盜賊多有"。

故聖人云,

河上公曰:謂下文也。《道德真經注》卷三

我無爲而民自化,

御注:天無爲以之清,地無爲以之寧,兩天地無爲相合,
萬物皆化。聖人,天地而已,故民日遷善,而不知爲之者。
《宋徽宗御解道德真經》卷三

堯、舜淵默乎法宮君王聽朝之處之中，垂拱而視，天民之阜豐富、富有，文武不識不知而順，帝則垂衣拱手而天下治，此帝王無爲而民自化。莊子曰："無爲而萬物化。"《莊子·逍遙游》

我無事而民自富，

河上公曰：我無徭役徵召之事，民安其業，故皆自富也。《道德真經注》卷三

《類解》曰："心既無爲，迹又無事，四民士、農、工、商樂業，百姓豐饒。此反天下多忌諱而民彌貧。"

上無事則不興力役，豈奪農時，而民自富。此申上文彌貧之義。

我好靜而民自正，

王元澤曰：好靜則復性。上復性則民亦復性，故自正。申上文盜賊之義。

羊祜曰：我動則民邪，我靜則民正。此反人多利器國家滋昏。

我無欲而民自樸。

唐明皇曰：無爲則清靜，故人自化；無事則不擾，故人自富；好靜則得性，故人自正；無欲則全和，故人自樸。此無事取天下矣。《唐玄宗御注道德真經》卷三

樸者，性之全。我性全而無欲，民亦無欲，而自樸也，此申上文奇物之義。

此章主無事以取天下也。自天下多忌諱至盜賊多有，此有事以取天下之過也。自我無爲而民自化至我無欲而民自樸，此無事以取天下之證也。

其政悶悶章第五十八

其政悶悶，其民淳淳；

河上公曰：其政教寬大悶悶_{無所識別貌昧昧幽暗不明貌}，似若不明，故民淳淳_{樸實、寬厚富厚}，相親睦也。《道德真經注》卷三

唐明皇曰：政教悶悶無爲寬大，人則應之淳淳然而質樸矣。《唐玄宗御注道德真經》卷三

呂吉甫曰：淳淳者，言其不澆於薄_{風氣浮薄也}。《道德真經傳》卷三

其政察察，其民缺缺。

唐明皇曰：政教察察_{嚴苛}，有爲苛急，人則應之，缺然_{機詐滿面貌}而凋弊矣。《唐玄宗御注道德真經》卷三

舒王曰：悶悶者，無所分別。唯其無所分別，則常使民無知無欲，故其民淳淳。察察者，有所分別也。有所分別，則其民不能無知無欲，而常缺缺矣。

呂吉甫曰：缺缺者，言其不全於樸。《道德真經傳》卷三

禍兮福所倚，

河上公曰：倚，因也。夫禍因福而生。人遭禍而能悔

過責己,修善行道,則禍去福來。《道德真經注》卷三

福兮禍所伏。

河上公曰:禍伏匿於福中。人得福而爲驕恣,則福去禍來。《道德真經注》卷三

唐明皇曰:倚,因也。伏,藏也。上言其政悶悶,俗則以爲無政理之體,人反淳淳然而質樸。此則禍爲福所因也。其政察察,而俗則以爲有政理之術,人乃缺缺然而凋弊,此福爲禍之所藏也。《唐玄宗御注道德真經》卷三

禍福倚伏在吉凶之域者,將何處也? 蓋禍至不懼,省躬自咎,以免於禍而已,將處乎禍與福之間也。若是則禍亦不至,福亦不來,禍福無有,惡有人災? 莊子:"寧安於禍福。"《莊子·秋水》

孰知其極?

河上公曰:禍福更相生,誰能知其窮極。《道德真經注》卷三

孫登曰:孰,誰也。極,盡也。夫禍福相因,倚伏無定,禍因福至,福假禍來,孰知其盡也?

其無正邪?

王元澤曰:大運不留當時者,爲是欲定其正,而不知正不可常,則可謂智乎? 雖然以爲無正猶言不定也,是言禍福變幻無端者,是以無正爲正者也,邪者疑辭,亦不定乎無正也。

正復爲奇，善復爲妖，民之迷，其日固久。

御注："通天下一氣爾。"《莊子·知北游》今是而昨非，先迕違逆而後合，神奇各以所美爲神奇臭腐各以其所惡爲臭腐耳，相爲終始，則奇正之相生，妖不善、惡善之更化，乃一氣之自爾。天下之生久矣，"小惑易方迷於所向，大惑易性失其真性"《莊子·駢拇》，自私之俗，勝而不明乎！禍福之所倚伏，且復察察以治之民，安得而反其真乎！《宋徽宗御解道德真經》卷三

陸佃曰：其無正邪？蓋有正者有正，正者所謂正，正者無正是也。夫唯無正，故能超乎吉凶之表，而無禍無福，以知其極也。若夫未能致於無正之地，而流於吉凶之域，則一禍一福，其運如輪，其循如環，終於迷而已矣。故曰"正復爲奇，善復爲妖，民之迷，其日固久"。

是以聖人方而不割，

御注：方者，介獨、特異於辨物，大方無隅，止而不流，無辨物之迹。《宋徽宗御解道德真經》卷三

顧歡曰：方正其身，妖奇自隔，不以其方割害，彼從我也。

廉而不劌，

御注：廉者，矜於自潔。大廉不嗛 qiān，同"謙"，謙虛，清同"濁"對而容物，無刻苛責制之行。《宋徽宗御解道德真經》卷三

王弼曰：廉，清廉也。劌 guì，傷也。以清廉清民，令去

其邪,令去其污,不以清廉,劌傷於物也。《道德真經注》卷三

直而不肆,

河上公曰:肆,申也。聖人雖直正直、直率,曲己從人,不自申也。《道德真經注》卷三

王弼曰:以直導物,令去其僻邪僻,而不以直,激拂違逆於物,所謂大直若屈也。《道德真經注》卷三

王元澤曰:直而肆則有其直。大直於理,爲直而常,委曲以從理。

《書》曰:"直而溫正直溫和。"《尚書·舜典》溫則不暴殘害內國內百姓。直而外,不暴以淩物。所謂不肆也。

《語》曰:"質直而好義。"《論語·顏淵》

光而不耀。

御注:直而肆則淩物而態意態也。指對淩物之態度生,光而耀炫耀則揚行炫耀其行,以暴己之長之患至。內直內心誠直而外曲外表恭敬,典出《莊子·人間世》,用其光而復歸其明,其唯聖人乎?民之迷也,以方爲是者,如子莫①之執中。以廉爲是者,如仲子②之操。知伸而不知屈,知彰而不知微,以誇大世末之弊俗,而失聖人之大全,豈足以正天下。聖人所以正天下

---

① 子莫,戰國初期人,約與子思同時。東漢趙岐《孟子注》:"子莫,魯之賢人也。"《孟子·盡心上》:"子莫執中,執中爲近之。執中無權,猶執一也。"子莫主中道。

② 陳仲子,齊國人。《孟子·滕文公下》:"陳仲子豈不誠廉士哉?"

者,何哉? 如斯而已。《宋徽宗御解道德真經》卷三

王元澤曰:光以爓 yuè,照物,謂之耀。和其光歸其明者,豈耀以爓物哉?

此章言禍福正奇善妖相生,而不可知民之迷。此固以久矣,柰何復以察察之政始之,則民安得全其樸乎? 是以聖人雖方廉直光以處己,然未嘗顯迹以示人,蓋取此悶悶,去彼察察,而寧於禍福也。

治人事天章第五十九

治人事天莫若嗇。

御注:保其精神而不以外耗內者,嗇也。"精神四達并流通而無所不極,上際於天,下蟠於地,化育萬物,其名爲同帝帝者自然造化,無爲之道。即同天帝之不爲。"《莊子·刻意》人之所以爲人,天之所以爲天者也,唯嗇也。愛養精神,然後俯治人,仰事天,故曰"治人事天莫若嗇"。①

夫唯嗇,是謂早復。

呂吉甫曰:夫唯嗇,其精神而不用,則早復②也。苟唯不嗇而費之,至於神敝精勞,雖欲反其情性,亦無由入矣。

---

① 《宋徽宗御解道德真經》《宋徽宗道德真經解義》皆無此段注文。

② 一曰"早服",即早從事。一曰"早復",謂早返於道。此作"早復"。

其於復也,不亦晚乎? 故曰"夫唯嗇,是謂早復"。《道德真經傳》卷三

王元澤曰:動極而靜,則其復晚矣。唯嗇者不侈於費,已其去本也,未嘗遠,故復靜爲早。

早復謂之重積德,

吕吉甫曰:人之生也,固足於德矣。誠能嗇而早復之,則德日益以充。故曰"早復謂之重積德"。《道德真經傳》卷三

王元澤曰:德不外耗則積於内,而資納無窮,則其爲積也。積之又積者也。

重積德則無不克,

御注:能勝之謂克。宰制萬物,役使群動猶"萬物",而無所不勝者,惟德而已。《宋徽宗御解道德真經》卷四

吕吉甫曰:重多,厚積德則德之至也。至德者,火不能熱,水不能溺,寒暑不能害,禽獸不能賊害,安往而不克哉?故曰"重積德則無不克"。《道德真經傳》卷三

無不克則莫知其極,

御注:德至於無所不勝,則泛應而不窮,孰知其極也。《宋徽宗御解道德真經》卷四

吕吉甫曰:夫有所不克,則其道有時而極也。無所不克,則孰知其極。故曰"無不克則莫知其極"。《道德真經傳》卷三

莫知其極，可以有國。

御注：體盡無窮，則其於用天下也，有餘裕矣，況有國乎！《宋徽宗御解道德真經》卷四

吕吉甫曰："夫有土者，有大物九五尊高，四海弘巨，是稱大物也。有大物者，不可以物。物不能用物而爲物用，即是物耳而不物，故能物物。"《莊子·在宥》莫知其極，則不物而能物物者也。雖有土者，而無累矣。故曰"莫知其極，可以有國"。《道德真經傳》卷三

有國之母，可以長久。

御注：道爲萬物母。有道者，萬世無弊。《宋徽宗御解道德真經》卷四

舒王曰：國者皆出於道也，故以道爲母，如此則没身不殆也。故曰"可以長久"。

是謂深根固蒂，

王元澤曰：人以性爲根，外乎此者，皆枝葉也。失性之人盛枝葉以傷根，根傷則精氣衰而蒂不固，此所以早斃也。夫唯嗇，則不以外傷其根，根深則蒂固，蒂固則形連乎命而遲脱脱落矣。

陸佃曰：萬物莫足以測之之謂深，萬物莫足以傾之之謂固。

長生久視之道。

御注：道者，萬物之母。物，其子也。性者，形之根。而形，其柢dǐ，本也。既知其子，復守其母，没身不殆，故以長久。根深則柢固，性復則形全，與天地爲常，故能長生。與日月參光，故能久視。人與物化而我獨存，此之謂道。《宋徽宗御解道德真經》卷四

吕吉甫曰：嗇之爲道，是謂深根固蒂，長生久視之道也。精神者生之根，嗇而藏之，則根深而生。長生者視之蒂，衛而保之，則蒂固其視久矣。《道德真經傳》卷三

此章首言治人事天莫若嗇，終之以長生久視者。蓋長久之道，當嗇其精神。精神者，根也；形者，蒂也。根深則蒂固，蒂固而生長視久也。昔黄帝問長久之道，廣成告之以抱神以静，形將自正，無搖汝精，乃可長生。

《内經》①稱真人之道有曰："呼吸精氣，獨立守神，故能壽比天地，無有終時。"論至人則曰："積精全神。"論聖人則曰："精神不散。"《黄帝内經·素問·上古天真論》歷觀自古上聖未有不嗇精神而成真者也。乃若今時之人，以欲竭其精，以耗散其真，不知持滿，不時御神，喪精失靈，形衰早斃，豈道也哉！故曰"道者，聖人行之，愚者背之"。《黄帝内經·素問·四氣調神大論》

---

①　《内經》即《黄帝内經》，中國古代醫學總集，簡稱《内經》，由《素問》《靈樞》兩部分構成，每部分八十一篇。

卷之十

治大國章第六十

治大國若烹小鮮。

御注：烹小鮮而數撓之則潰，治大國而數變法則惑。是以治道貴清靜而民自定。《宋徽宗御解道德真經》卷四

王弼曰：不擾也。躁則多害，靜則全真。故其國彌大而其主彌靜，然後乃能廣感衆心矣。《道德真經注》卷四

劉仲平曰：國之大者，治之若烹小鮮而已。何也？取其不煩擾爾。

魚小則易於潰爛，民弱則易於煩擾。烹小鮮者，待其自熟。治大國者，任其自治。《經》曰："我無爲而民自化，我好靜而民自正。"《道德經》五十七章

以道莅天下，其鬼不神。

陸佃曰：蓋鬼神者，無以休止安定，則出而爲祟鬼神作災禍。古人以道莅天下者，則鳥獸魚鼈至於咸若謂萬物皆能順其

性,應其時,得其宜,山川鬼神亦莫不寧,是以無靈響猶“靈應”也。

王元澤曰:民不擾,則得盡其性。民盡其性,則天地之和應,而萬物無不遂矣,故鬼亦安其處,而不能爲神也。人鬼殊道而每至於相干者,陰陽之氣有戾而交失其所,故靈物得乘釁xìn,間隙矣。

天下雖大治之在道,道常無爲而任自然。治大國若烹小鮮,所謂以道莅天下也。故陰陽之氣無戾,人鬼各安其處,所以其鬼不神也。

非其鬼不神,其神不傷民;

唐明皇曰:上言其鬼不神,非謂鬼歇滅而無神,但有其神而不見怪以傷人也。《唐玄宗御注道德真經》卷四

非其神不傷民,聖人亦不傷民。

劉進喜曰:神者效驗靈也。非此鬼無靈效,但人君用道,鬼乃福祐於人,不能傷害於物。

治大國若烹小鮮,所謂聖人不傷民也。唯聖人不傷民,故天地之和應,人鬼各遂,兩不相傷謂鬼神與聖人均不侵越人也。

夫兩不相傷,故德交歸焉。

御注:以道莅天下者,莫之爲而常自然,無攻戰之禍,無殺戮之刑,是之謂不傷民。當是時也,神與民兩不相傷,而德交俱、共歸會歸焉。神無所出其靈響也,詒贈送爾多福而已,故曰“其神不傷民”。民無所施其智巧也,日用飲食而

已，夫何傷之有？《宋徽宗御解道德真經》卷四

　　此章欲人君以道治天下，莫之爲而任自然，故幽明指鬼神各安其位，人神不相雜揉，而德交歸焉。帝堯之時，絕地天通，罔有降格神降臨①。夏后之世②，山川鬼神亦莫不寧言皆安之。此帝王無爲而治天下也。

大國者下流章第六十一

大國者下流。

　　河上公曰：治大國者，當如江海居下流百川流之，不逆細微細小隱微，喻低賤也。《道德真經注》卷四

　　王弼曰：江海居大而處下，則百川流匯流之。大國居大而處下，則天下歸之，故大國下流也。《道德真經注》卷四

　　吕吉甫曰：知以道治其國，固不傷其人矣。而不知所以交天下者，則己雖不傷人，而有傷其人者矣。大國者下流，天下之交，天下之交牝交於牝而已，牝常以靜勝牡，以靜爲下，乃所以交天下而保其人之道也。《道德真經傳》卷四

---

　　① 　孔安國《尚書·吕刑》傳曰："言天神無有降地，地民不至於天，明不相干。"

　　② 　孔穎達《尚書·依訓》疏曰："有夏先君，總指桀之上世，有德之王皆是也。"

天下之交，

王弼曰：天下所歸會也。《道德真經注》卷四

唐明皇曰：下流者，謙德也。大國當下流開納接納，則天下之人交至矣。《唐玄宗御注道德真經》卷四

天下之牝。

王弼曰：靜而不求，物自歸之也。《道德真經注》卷四

王元澤曰：當以雌靜受物。

牝常以靜勝牡，

河上公曰：陰勝陽者，以安靜不先求也。《道德真經注》卷四

以靜爲下。

王弼曰：以其靜故能爲下也。牝，雌也。雄躁動貪欲，雌常以靜，故能勝雄也。以其靜復能爲下，故物歸之也。《道德真經注》卷四

舒王曰：交者衆人之會，能處衆人之所惡，則天下之動，莫不歸之矣，故曰天下之交牝者，蓋天下之交，交於牝而已。蓋牝常以靜勝牡，以靜爲下，故靜爲君，而常處於下，則足以勝牡矣。故曰“以靜勝牡，以靜爲下”。

吕吉甫曰：蓋天下之交牝，而牝常以靜勝牡，而所以勝者，由以靜爲下故也。《道德真經傳》卷四

故大國以下小國，則取小國；

王弼曰：大國以下_{謙下}，猶云以大國下小國，小國則附之。《道德真經注》卷四

顧歡曰：夫大國謙以虛，則小國悦以服。服之是爲取_{借爲"聚"}彼小國也。

小國以下大國，則取大國。

河上公曰：此言國無大小，能執謙畜人，則無過失也。《道德真經注》卷四

王弼曰：大國納之也。《道德真經注》卷四

盧裕曰：取其容己也。

唐明皇曰：大取小以爲臣妾，小取大以爲援助。《唐玄宗御注道德真經》卷四

故或下以取，或下而取。

唐明皇曰：以者，大取小_{以聚人}；而者，小取大_{聚於人}。《唐玄宗御注道德真經》卷四

吕吉甫曰：故大國以下小國，則取小國，則所謂或下以取之也。下以取之者，言大之於小，宜若可以無下_{可下可不下}，而下之者以取之故也。小國以下大國，則取大國，則所謂或下而取之者也。下而取之者，言小之於大，不得不下而取之故也。《道德真經傳》卷四

齊宣王①問曰："交交接之道鄰國有道乎?"孟子對曰:"有。惟仁者爲能以大事小,是故湯商湯事服事葛葛國,古國名。此處指葛伯。詳見《孟子·滕文公下》,文王事昆夷亦作"混夷",周初年西戎國名。惟智者爲能以小事大,故太王即古公亶父事獯xūn 鬻yù,即獫xiǎn狁yǔn,北方狄人,句踐事吳典出《國語·越語》《吳語》。以大事小者,樂天者無往而不樂者也。以小事大者,畏天者謹慎畏懼者也。樂天者保安定天下,畏天者保保護其國。"《孟子·梁惠王下》

大國不過欲兼畜人,

河上公曰:大國不失下,則兼并小國而牧畜之。《道德真經注》卷四

成玄英曰:大國所以用謙者,更無餘意,故不過欲兼愛畜養小國。

小國不過欲入事人。

劉進喜曰:小國用柔者,更無餘心,不過欲入大國之中,慕德向慕德化接事奉事。

唐明皇曰:大國執謙德而下小國者,不過欲兼畜小國爲臣妾。小國贊同"執"貢賦以下大國者,不過入事大國爲援助。《唐玄宗御注道德真經》卷四

---

① 齊宣王(前?—前301),田氏,名辟疆,戰國時齊國國君,齊威王之子。約前319年至前301年在位。

兩者各得其所欲，故大者宜爲下。

劉仁會[1]曰：恃大恐自高，故特以爲戒也。

舒王曰：蓋以小事大者人之易，以大事小者人之難。唯其人之所難，故老子以大者宜爲下。

呂吉甫曰：今大者下小，小復下大，兩者各得其所欲，則其有不取之者乎？取之者，言得其心而不失之之謂也。然則大者小者莫不宜爲下，而獨曰大者宜爲下，何也？小而不能下大，非徒不能取大國，而亦禍災及之矣，則不嫌於不宜，故曰“大者宜爲下”而已。《道德真經傳》卷四

大者，奄覆也，大有餘有四海，君臨萬方萬邦，其勢崇高，其位尊極，失於盈滿，尤宜謙下。《劉子》[2]曰：“天道下濟降下濟生萬物而光明，江海善下而爲王，故山艮卦在地坤卦中爲謙謙卦，王侯以孤寡爲損。”《劉子·明謙第三十五》

此章言交鄰國之道，以謙下爲本，故國無大小，皆當用謙。然大者恐恃以自高，尤當謙下，故特戒云。

---

① 劉仁會，杜光庭《道德真經廣聖義》載：“草萊臣劉仁會，後魏伊州梁縣人，注二卷。”元劉惟永《道德真經集義大旨》所載同。據此可知，劉仁會爲後魏伊州梁縣（今河南）人。草萊，謂田野，即民間；指布衣、平民。

② 《劉子》又名《劉子新論》，共五十五篇，北齊劉晝著。今本有林其錟、陳鳳金《劉子集校》。劉晝，生卒年不祥，字孔昭，渤海阜城（今河北省）人，《北史》之《儒林傳》有本傳。

道者萬物之奧章第六十二

道者萬物之奧，

劉仲平曰：奧者，至深之居。徼者，一隙之邊。以言乎道之妙，則喻以奧；以言乎道之粗，則喻以徼。言妙則知徼之爲粗，言徼則知妙之爲奧。

善人之寶，

唐明皇曰：善人知守道者昌_{興旺發達}，故常寶貴之以爲用也。《唐玄宗御注道德真經》卷四

王元澤曰：善人之所寶，聖人則體之矣。天下莫不貴者，道也。知道之可貴者，善人也。寶者，貴重之意。道之爲寶者，精氣神_{道教所謂三寶是也}。夫精者身之本，保其精而不蕩<sub>搖動，指放縱則形全，專其氣而不暴<sub>亂則體充，守其神而不散則真全。三者混而爲一，此道所以爲善人之寶也。

不善人之所保。

唐明皇曰：保，住①也_{得以全}。不善之人，不能寶貴至道，及其患難，即欲以身保住，於道自求免爾。《唐玄宗御注道德真經》卷四

莫非道也。善人求之足以至於善，不善人之所保倚也。謂遭患逢急，能自悔卑下，則足以免於罪。

---

① 原本作"任"，依《唐玄宗御注道德真經》卷四改。

美言可以市,尊行可以加人。人之不善,何棄之有!

孫登曰:夫言之,可以奪衆貨之價。尊行之,可以加衆人之上。夫道之出口,淡乎無味。聖人居無爲之事,行不言之教,豈華辭以悦百姓之耳,飾行以曜萬物之目哉!

陸佃曰:言,風波也;行,實喪也。然而美之尚可以市,尊行之尚可以加人,又況道者萬物之奥乎?此古之人所以用斯道覺斯民也。而一民覺焉,則雖以至寶充滿法界①,以用施者,其功莫之勝也。故曰:"美言可以市,尊行可以加人。人之不善,何棄之有!"

故立天子,置三公,

顧歡曰:樹君立君主立輔府史胥徒亦謂之輔,泛指佐人主者,論道經邦佐王論道,以經緯國事,欲以率道猶領導天下,教化不善人也。

杜光庭曰:四海之大,萬有之富,厥初生民,不可無主,故立天子以牧統治、管理之。天子者,尊事上帝,父事於天,母事於地,謂之天子。一人不可以廣治,置百官之長,有三公焉。《書》云:"其惟三公,論道經邦。"《尚書·周官》三公謂太師、太傅、太保。《道德真經廣聖義》卷四十二

温公曰:立君以司牧其民,置輔以師保師與保之合稱,三公之類其君。《道德真經論》卷三

---

① 佛教語,種類之意,謂諸法一一差別,各有分界,名爲"法界"。

雖有拱璧以先駟馬,不如坐進此道。

御注:君子之守,修身而天下平。天子三公有璧馬以招賢,而不務進道_{進修道業}以修身,則捨己而徇人,失自治之道矣。不如坐進此道者,求諸己而已。道之所在,聖人尊之,故民從者如歸市。《宋徽宗御解道德真經》卷四

舒王曰:立天子,置三公,雖有合拱_{通"珙",大璧之璧},先_{疑爲"駪shēn"字,馬衆多貌}乘駟_{帛書本作"四"}馬,足以迎賢者之來,而不如坐進此道而已。

王元澤曰:天子、三公,以化民爲己任,有道則天下將自賓。璧馬所以招賢,爲政之大者也。雖得賢而已,不能進道,則民猶不服,故未若不求乎外而進道之要也。

此三家説璧馬以招賢。

吕吉甫曰:故立天子,置三公,雖拱璧以先駟馬,所以享於上者禮之恭、幣之重者也。然不如坐進此道,以道之爲天下貴,雖坐而進之,過於恭禮重幣也。天子、三公,所以坐而論道者,不過此而已。《道德真經傳》卷四

此説璧馬所以享上_{刻下媚上}。

古之所以貴此道者何?

顧歡曰:古之所以貴寶此道者,其意何耶? 問其所由也。

不曰求以得，有罪以免邪？故爲天下貴。

御注：求則得之，求在我者也。古之人所以求之陰陽
度數而未得者，求在外故也。惡者遷善，愚者爲哲有智慧之
人，此有罪所以免歟。道之善救者如此，故爲天下貴。《傳》
曰："天下莫不貴者，道也。"《禮記·聘義》。《宋徽宗御解道德真經》
卷四

吕吉甫曰：求以得，則所謂善人之寶。有罪以免，則所
謂不善人之所保也。唯其如此，此所以爲天下貴，而古之
人所以不得不貴也。《道德真經傳》卷四

此章言物皆出於道，道爲天下貴，利而行之者善人也，
故曰"求以得"。保而住之者，衆人也，故曰"有罪以免"，以
道無所不用，故爲天下貴。

爲無爲章第六十三

爲無爲，事無事，味無味。

御注：道之體，無作造作故無爲，無相佐助故無事，無欲
故無味。聖人應物之有，而體道之無，於斯三者，概可見
矣。《宋徽宗御解道德真經》卷四

劉進喜曰：爲無爲，修道業也。事無事，見道相。味無
味，達道理。

無爲者，道之常。無事者，道之真。無味者，道之淡。

此三者皆道也。

大小多少，報怨以德。

御注：大小言形，多少言數，物量無窮，不可爲倪_{際也，極}
際之謂。大而不多，小而不少，則怨恩之報，孰睹其辨。聖人
所以同萬有於一，無能成其大。《宋徽宗御解道德真經》卷四

王元澤曰：以直報怨者事也，以德報怨者德也。事則
吉凶與民同患，故種種諸法一不可廢。若夫德則不見有
物，安得怨乎？如上三事_{無爲、無事、無味}，體道者也。方其體
道，故當如此。爾舉怨而以德，則知無所不用德。

曹道沖曰：報怨以德，仇讎便絕；報怨以怨，相報無盡。

圖難於其易，爲大於其細。

《纂微》曰：此重誡也。難易大細者，則上之大小多少
也。夫是非美惡，怨怒恩德，皆生於微漸，無不始於易，而
終成難，初於細，而後成大。今使圖度_{揣測、揣度}其始易之時，
則於終無難矣。營爲_{籌劃}初細之日，則於後無大矣。若乃
謀難於已難，爲大於已大，則怨怒深而禍亂積，將欲釋難解
紛，不亦難乎？《道德真經藏室纂微篇》卷八

禍患之機，藏於細微，發於常人之所忽。及其著_{顯著}
也，雖智者不能善其後。是以怨之作也，必於易細而圖爲
之，則無怨矣。《書》曰："怨豈在明？不見是圖_{不見是謀，備其}
_微。"《尚書·五子之歌》

天下難事必作於易，天下大事必作於細，

御注：“千丈之堤，以螻蟻之穴潰。百尺之室，以突煙囪隙之煙 “爣”之誤，进火焚。白圭①之行巡視堤也塞其穴，是以無水難。丈人位尊者之稱之慎火也塗其隙，是以無火患。”《韓非子·喻老》，略異。天下之事，常起於甚微，而及其末，則不可勝圖，故聖人蚤同“早”從事焉。《宋徽宗御解道德真經》卷四

《疏》曰：作，起也。此叠上文原禍難之所起。難事必起於易，欲令於易而圖之。大事必起於細，欲令於細而去之。其類寔 s h 通“實”，確實、實在繁，不可具舉，故以天下總之爾。《唐玄宗御制道德真經疏》卷八

杜光庭曰：防禍於未兆，絕患於未萌，慎之至也。《道德真經廣聖義》卷四十三

是以聖人終不爲大，故能成其大。

御注：爲之於小，故能成其大。亂已成而後治之，不亦晚乎？《宋徽宗御解道德真經》卷四

唐明皇曰：前明凡人常爲難大之事，故令圖而去之。此明聖人不爲難大之事，故能成其尊大。《唐玄宗御注道德真

---

① 白圭，戰國時魏國人，一曰周人。曾爲魏相，長於治水和治生，約與梁惠王、惠施同時。《孟子·告子下》：“白圭曰：‘丹之治水也愈於禹。’”可能名丹，字圭。《史記·貨殖列傳》《漢書·鄒陽傳》以爲魏文侯時官吏，以致戰國時前後有兩白圭之説。

經》卷四

夫輕諾必寡信，

成玄英曰：此起喻也。諾，然許也。寡，少也。夫輕易許諾於人者，必少有信實也。

杜光庭曰：解楊^①無二命_{欲行信者不受二命，即相矛盾之命令，典出《左傳·宣公十五年》}，仲由子路無宿隔夜諾_{急於踐言，不留其諾也，典出《論語·顏淵》}，古人美之。《記》曰："與其有諾責也，寧有已怨。"^②_{《禮記·表記》}。《道德真經廣聖義》卷四十三

多易必多難，

唐明皇曰：輕諾許人，必寡於信。動作多易，後必多難。_{《唐玄宗御注道德真經》卷四}

成玄英曰：此答喻也。夫輕易爲罪，必招重大之殃。

羅什曰：輕而不修，報之必重也。

是以聖人猶難之。故終無難。

御注：禍固多藏於微，而發於人之所忽。聖人之應世，常慎微而不忽，故初無輕易之行，而終絕難圖之患。凡一體無故也。_{《宋徽宗御解道德真經》卷四}

---

①　解楊，字子虎，霍（今山西霍州）人。《史記·鄭世家》云："乃求壯士得霍人解楊，字子虎，誑楚，令宋毋降。"

②　孔穎達疏曰："寧可有發初休已不許而被怨。許而不與，其責大。發初不與，其責小。"

王弼曰：以聖人之才，猶尚難於細易。況非聖人之才，而欲忽於此乎？故曰“猶難之也”。《道德真經注》卷四

惟其難於細易，故終無難大之事。

劉仁會曰：慮而後動，終無悔吝。聖人猶爾，況非聖乎？

此章上三事體道也。故報怨以德，是圖爲於易細之時，終無難大之事。非體道，聖人孰能如是？

其安易持章第六十四

其安易持，

杜光庭曰：夫生性安静，嗜欲未萌，就靠近而守之，執持握持、掌握爲易。《道德真經廣聖義》卷四十三

其未兆易謀。

唐明皇曰：言人正性安静之時，將欲執持，令不散亂。故①雖欲起心起心動念，尚未有形兆徵兆、行迹，謀度考慮揆度絕之，使令不起，并甚易爾。《唐玄宗御注道德真經》卷四

王元澤曰：戒在事物之先。

其脆易破，其微易散。

唐明皇曰：欲心初染，尚自危脆，能絕之者，脆則易破。禍患初起，形兆尚微，將欲防之，微則易散爾。《唐玄宗御注道

---

① 原本作“次”，依《唐玄宗御注道德真經》改。

德真經》卷四

吕吉甫曰：其脆易破，則不可使至於堅；其微易散，則不可使至於著。物皆然，心爲甚。通諸其心，則天下國家無難矣。《道德真經傳》卷四

王元澤曰：救於已然之始，所謂治之於未亂也。

爲之於未有，治之於未亂。

嚴遵曰：未疾之人，易爲醫也；未危之國，易爲謀也；萌芽之患，易事也；小弱之禍，易憂也。何以效之？莊子依《道德真經指歸》補曰："任車載物之車未虧損也，童子未冠之稱行之使車行，即駕車，及其傾覆也，顚損墜、覆亡高墮谷，千人不能安。卵之未剖也，一指摩之喻簡易，及其爲飛鴻鴻雁也，奮翼凌云，矰zēng，魚網繳zhu，繩箭不能連黏鳥曰連。"《道德真經指歸・其安易持篇》

合抱之木，生於毫末；九層之臺，起於累土；千里之行，始於足下。

御注：有形之類，大必滋生長於小，高必基於下，遠又自於近。其作始也簡，其將畢也必巨。聖人見端而思，未睹指意之所趨而知歸，故不爲福先，不爲禍始，躊躇從容以興事，以每成功。《宋徽宗御解道德真經》卷四

唐明皇曰：此言患生於微，而成於著。喻如合抱之木，始生如毫毛之末，此明自性而生也；九層之臺，起於一簣之土，此明積習而成也；千里之遠行，始於舉足之下，此明遠行不止也。則天下之事，誠以細微爲始，而人

多忽之，遂成患本，故舉三喻以證上文。《唐玄宗御注道德真經》卷四

杜光庭曰：人之所以不防息，國之所以不慎微，禍形而務除，亂成而務理，此皆失之遠矣。毫毛至於合抱，自小而成大也；累土成於層臺，自下而爲高也；千里始於舉足，自近而及遠也。世之人，但見合抱之木，層臺之高，千里之遠，方欲以執柯斧柄以伐之，聚鍤 chā，鍬以壞之，馳騖 wù，直騁曰馳，亂馳曰騖。泛指疾馳以追之。勞亦云甚，禍不可救。亦猶倚都①門京都東門而長嘯②，終亂晉朝；崩③沙鹿④以貽祅 xiān，關中謂天爲祅，幾傾漢室。默識遠鑒，所宜留神。《道德真經廣聖義》卷四十三

爲者敗之，執者失之。

唐明皇曰：爲謂營爲也，執謂執著也。言人不能爲之於未有，治之於未亂，而更有所營爲於性分之外，執著於塵境⑤之中，故必禍敗而失亡也。《唐玄宗御注道德真經》卷四

吕吉甫曰：爲之於未有，則是不爲爲之也。治之於未

---

① 原本作"市"，依《道德真經廣聖義》改。

② 典出《晉書·載記第四》石勒傳記。唐司空圖《洛陽詠古》："石勒童年有戰機，洛陽長嘯倚門時。晉朝不是王夷甫，大智何由得預知。"

③ 原本作"萌"，依《道德真經廣聖義》改。

④ 沙鹿，亦作"沙麓"，古山名，一說古地名，故址在今河北大名縣東。《春秋·僖公十四年》："秋，八月辛卯，沙鹿崩。"杜預注："沙鹿，山名。平陽元城縣東有土山。"

⑤ 佛教語，以色、聲、香、味、觸、法爲六塵，因稱現實世界爲"塵境"。

亂,則是不治治之也。已有而爲之,欲成而反敗之。已亂
而治之,則執之欲固而反失之也。《道德真經傳》卷四

是以聖人無爲,故無敗;無執,故無失。

御注:聖人不從事於務事務,故無敗。不以故自持,故
無失。勝者規度規則法度而固守之,去道愈遠矣,能無敗失
乎?《宋徽宗御解道德真經》卷四

呂吉甫曰:是以聖人爲之於未有,則我因無爲也,故
無敗。治之於未亂,則我固無執也,故無失。《道德真經傳》
卷四

民之從事,常於幾成而敗之。

御注:中道而止,半途而廢,始勤而終怠者,凡民之情,
蓋莫不然,故事常幾成而至於敗。《宋徽宗御解道德真經》卷四

呂吉甫曰:民之從事,常在既有之後,故至於幾成而敗
之,以不知其本故也。《道德真經傳》卷四

凡民從事,至於幾成而敗者,以不慎厥終也。《書》曰:
"爲山九仞,功虧一簣①。"《尚書·旅獒》

慎終如始,則無敗事。

御注:"靡無不有初始,鮮少克能有終。"《詩經·大雅·蕩》
"終始惟一,時乃日新言德行終始不衰殺,是乃日新之義。"《尚書·咸

---

①　孔安國傳曰:"八尺曰仞,喻向成也。未成一簣,猶不爲山,故曰功虧
一簣。"

有一德》施之於事,何爲而不成!《宋徽宗御解道德真經》卷四

唐明皇曰:慎其終末,常如始從善之心,則必無禍敗之事。《唐玄宗御注道德真經》卷四

吕吉甫曰:使知大生於小,高起於下,遠始於近,慎終如始,豈有敗事哉!《道德真經傳》卷四

是以聖人欲不欲,不貴難得之貨。學不學,復衆人之所過。

御注:欲利者以物易改變己,務學者以博溺心。夫豈足以造成就乎無爲? 聖人不以利累形,欲在於不欲人所不欲之物,人我之養,畢足而止,故不貴難得之貨。不以人滅天,學在於不學人所不學之學,緝熙光明於光明而已,故以復恢復、補救衆人之所過。道之不明也,賢者過之,況衆人乎。復其過而反之性,此絕學者所以無憂而樂。《宋徽宗御解道德真經》卷四

陸佃曰:損金於山,投珠於淵,①棄極真之寶,絕窮巧極盡巧妙之伎通"技",技巧,夫是之謂欲不欲,忘其仁義,遺其禮樂,棄已陳之糟粕,投既腐之土梗泥塑偶像,夫是之謂學不學。

王元澤曰:不欲之欲,非無欲也,欲在於不欲爾,故不貴難得之貨而已。民飽食暖衣,性所不免,欲此而已,不爲有欲,而離性之後,更貴難得之貨,此乃愚民迷妄,失本已

---

① 典出《莊子·天地》:"藏金於山,藏珠於淵。"郭象曰:"不貴難得之物。"

遠故也。故聖人欲不欲，以救其迷，而反之性。不學之學，非無學也，所學在於不學爾，以復衆人之所過故也。衆人逐末多事，聖人以不學之學捄 jiù，古"救"字其過而反之道。

以輔萬物之自然，而不敢爲。

盧裕曰：輔，佐也。人生而静，物之性也，以無欲無學，輔佐萬物之自然，使各遂其性，而不敢爲。

杜光庭曰：俗學曼衍分布、傳播，難復於無爲。多欲紛綸雜亂貌，衆多貌，必迷於正性。聖人令學不學以敦素敦厚素雅，欲不欲以恬愉，漸窺正道之光，用輔自然之性，不貪難得之貨，不務過分之能，自敗而反成，慎終其若始，察微防害，復於易持之安，國所以晏安寧，身所以貞固正而堅，即堅持正道，然後可擬古之善爲道爾。《道德真經廣聖義》卷四十三

陸佃曰：欲不欲，至於無欲。學不學，至於無學。則可以祐神而相天。故曰"輔萬物之自然，而不敢爲"。祐神者，以己之神祐萬物之神。相天者，以己之天相萬物之天。

鳥獸固有群矣，草木固有立林立矣，[1]自生自化，自形自色，萬物既已自然，聖人於此輔之，夫何爲哉？非亂其經也，非逆其情也，因其有生輔之以全其生，因其有形輔之以全其形。有虞舜之命官任命官吏，以上下區分彼此草木鳥獸，有夏之懋德盛德，鳥獸魚鼈咸若。

---

[1]　《莊子·天道》："禽獸固有群矣，樹木固有立矣。"

此章言聖人圖難於其易。故持於安静之時，所謂爲之
於未有；制於脆微之際，所謂治之於未亂。舉三事以爲喻。
欲早良圖，以杜後艱，無爲而無敗，無執而無失，始終皆慎，
豈有敗事乎？聖人不欲以静，絕學無憂，輔物自然之性，以
體無爲之道，然後復易持之安，終無難圖之患矣。

古之善爲道章第六十五

古之善爲道者，非以明民，將以愚之。

御注："民可使由日用之，不可使知之。"《論語·泰伯》古之
善爲道者，使由之而已。反其常然，道可載而與之俱，無所
施智巧焉。故曰："愚三代夏、殷、周而下，釋廢夫恬惔無爲，而
悦夫哼哼以己誨人之意。"《莊子·胠篋》，略異。屈曲折截禮樂謂屈
折支體爲禮樂，以正天下之形，吁俞仁義，以慰天下之心，將以
明民。名曰治之，而亂孰甚焉？《宋徽宗御解道德真經》卷四

王弼曰：明，謂多見巧詐，散《道德真經注》作"蔽"其樸也。
愚，謂無知守真，順自然也。《道德真經注》卷四

温公曰：去華務實，還淳反樸。《道德真經論》卷四

曹道沖曰：民智則生姦，民愚則反樸。

明者明民以其智也，非以明民，所謂不以智治國也。
愚者智之反也，將以愚之，使民去智反樸，忘是非，絕美惡，
同乎無知無欲矣。

民之難治，以其智多。

舒王曰：夫聖智者，國家之利器也。言古之善為道者，不以聖智示人，欲使人無知無欲而愚之也。故莊子曰：“上君王誠好智而無道，則天下大亂矣以知能治物，物必弊之，故大亂。何以知其然？夫弓弩畢弋機兔網曰畢，繳射曰弋，弩牙曰機變之智多，則鳥亂於上；鉤釣鉤餌魚餌罔罟 gǔ，魚網罾 zēng，魚網笱 gǒu，曲梁也，亦筌之智多，則魚亂於水矣；削格謂刮削之，所以施羅網也羅落與上畢弋同文罝 jū 罘 fú，兔網之智多，則獸亂於澤矣；智詐漸詐毒頡 xé 滑滑稽也，亦姦黠堅白解垢詐偽同異之變多，則俗惑於辯矣。故天下每每昏昏貌大亂，罪在於好智。”《莊子·胠篋》

愚則無知，智則多詐，民多智詐，巧偽滋生，所以難治。

故以智治國，國之賊；

盧裕曰：捨道任智，大偽生焉。偽生於下，智出於上，上下相蒙欺騙、隱瞞，為害大矣。

唐明皇曰：以，用也。賊，害也。人君任用多智之臣，使令理國，智多必作法，法出則姦生，令下則詐起，國家所以滋昏，而為國之賊也。曹參守法守蕭何之舊法而漢以之安，商君變法而秦以之弊，故上《經》云“智慧出，有大偽”《道德經》十八章是也。《唐玄宗御注道德真經》卷四

蘇子由曰：吾以智御統御人，人亦以智應之，而上下交相賊矣。《道德真經注》卷四

不以智治國，國之福。

唐明皇曰：若不用巧智之臣，但取淳德之士，使偃息_隱居不仕_{蕃藩屏}，捍衞_魏，弄丸解難①，自然智詐日薄，淳樸日興，人和則年豐，故國之福也。《唐玄宗御注道德真經》卷四

劉仲平曰：不以智治國者，開天者_{不慮而知，性之動也}；以智治國者，開人者_{知而後感，知之用也}。開天則順率性而動，順則行其所無事，其政所以不嚴而治；開人則鑿運智御世，_{爲害極深}，鑿則失於太察，其民所以不淳而缺。故曰“以智治國，國之賊；不以智治國，國之福”。

《新説》曰：堯、舜之智在於不遍_辨，分別_物，禹之智在於行其所無事。不遍物則不察物以爲明，行所無事則不鑿物以爲利，則可謂善用智者也。若夫老子所謂不以智治國者，則在於存之，然後民利百倍。

知此兩者，亦楷式。

河上公曰：兩者謂智與不智也。常能知智者，爲賊。不智者，爲福。是治身治國之法式。《道德真經注》卷四

———————————————

① 弄丸，古百戲名。擲丸上下爲戲，故稱。猶今日雜要。所用丸其形爲球狀，中空爲鈴。始見於戰國，流傳至今。其法爲取數丸交替擲空，以手連接，使不墜地。後世又有擲短劍者，稱之爲“弄劍”。更有手足并用，丸劍并飛之“飛丸跳劍”或“飛劍跳丸”。《莊子·徐無鬼》：“市南宜僚弄丸而兩家之難解。”

　　唐明皇曰:任智詐則害於人,任純德則福於國,人君知此兩者,委任純德之臣,是以爲君楷模法式。《唐玄宗御注道德真經》卷四

　　吕吉甫曰:知此兩者,非特施之於治國而已,而於身亦楷式而未嘗違也。《道德真經傳》卷四

常知楷式,是謂玄德。

　　河上公曰:玄,天也。能知治身治國之法式,是謂與天同德也。《道德真經注》卷四

　　唐明皇曰:玄,深也,妙也。人君常知所委任_{任純德者},是謂深遠玄妙至德也。《唐玄宗御注道德真經》卷四

玄德深矣,遠矣,與物反矣,

　　御注:玄者天之色,常知楷式而不用其智,則與天合德,深不可測,遠不可窮,獨立於萬物之上,物無得而耦之者,故曰"與物反矣"。《宋徽宗御解道德真經》卷四

　　劉仁會曰:玄德難測,故曰深。無往不備,故曰遠。棄智任愚,故曰"與物反"也。

　　玄_{玄德升而入小}微妙,而與物辨,故與物反矣。

然後乃至大順。

　　御注:順者,天之理。乃至大順者,去智與故_{事故、機巧,}

循天之理而已。莊子曰："與天地爲合①,其合緡 mín,合緡②,若愚若昏③,是謂玄德,同乎大順_{德玄而所順者大矣}。"《莊子·天地》惟若愚若昏,所以去智。《宋徽宗御解道德真經》卷四

顧歡曰:雖於俗爲反,而於道爲順。

此章言密用其道,使民由之而不知,無巧詐之智,還樸素之純,能知此以爲法,是深遠玄妙之德,去智而循天之理矣。

---

① 成玄英疏曰:"天地無心於覆載,聖人無心於言説,故與天地合。"

② 成玄英疏曰:"聖人内符至理,外順群生,唯迹與本,罄無不合,故曰緡緡。"

③ 成玄英疏曰:"混俗揚波,同塵萬物,既若愚迷,又如昏暗。"

卷之十一

江海爲百谷王章第六十六

江海所以能爲百谷王者，以其善下之，

顧歡曰：江海處下，故百谷_{百川宗}人物所歸往曰宗之。王者居謙，則萬物歸之。

故能爲百谷王。

唐明皇曰：言江海所以能令百川朝_{賓禮親邦國，春見曰朝，即}歸往宗而爲王者，以其善居下流之所致也。故《易》云："地道變_{變異盈}盈_{盈滿而流}①謙。"《易·謙·象辭》此舉喻也。故地道用謙，則百川委輸_{匯聚}而歸往。聖人用謙，則庶民子來②而不厭爾。《唐玄宗御注道德真經》卷四

直以卑下，故能爲百谷王。王者，歸往之義，能下，下

---

① 流布，即流散盈滿以廣布於虚處，含"充實"之義。
② 《诗·大雅·灵台》曰："民心歸附，如子女趨事父母，不招自來。"

則民歸之如水之就下。

是以聖人欲上人，以其言下之；欲先人，以其身後之。是以處上而人不重，處前而人不害，

河上公曰：欲在人之上，法江海處謙虛；欲在人之前，先人而後己也。聖人在民上爲王，不以尊貴虐下，故民戴仰而不以爲重累，不堪；聖人在民前，不以光明蔽後，民親之若父母，無有欲害之心也。《道德真經注》卷四

是以天下樂推而不厭。

呂吉甫曰：聖人之有天下也，以言其位，則固欲上人也。然以孤、寡、不谷爲稱，而受國之垢與不祥，則以其言下之也。以言其序，則固欲先人也，然迫而後動，感而後應，不得已而後起，則以其身後之也。夫唯以其言下之，則處上而人之不重，不重則以戴凡加於其上皆曰戴之爲輕矣。以其身後之，則處前而人不害，不害則以從之爲利矣。不重不害，此天下樂推推戴而不厭也。《道德真經傳》卷四

以其不爭，故天下莫能與之爭。

羅什曰：心形既空，孰能與無物者無物、無我爭？

呂吉甫曰：夫以其言下之，以其身後之，則不爭者也。樂推而不厭，則天下莫能與之爭也。非體玄德者，其能若是乎？故曰“以其不爭，故天下莫能與之爭”。《道德真經傳》卷四

此章以謙下爲主。江海善下，故爲百谷王。聖人言下

身後,故天下樂推而不厭,夫孰能與謙下者争哉?

天下皆謂章第六十七

天下皆謂我道大,似不肖。

杜弼曰:肖,似也。不與物同,故曰不肖。

夫唯大,故似不肖。

蘇子由曰:夫道曠然_{虛空貌}無形,頹然_{混沌無知貌}無名,充遍萬物,而與物無一相似,此其所以爲大也。若似於物,則亦一物矣,而何足大哉?《道德真經注》卷四

若肖,久矣其細也夫。

御注:肖物者小,爲物所肖者大。道覆載萬物者也,洋洋乎_{盛大貌}大哉! 故似不肖若肖,則道外有物,豈得爲大乎?
《宋徽宗御解道德真經》卷四

王弼曰:久矣_{時間久長}其細_{渺小},猶曰其細久矣。肖則失其所以爲大矣,故曰"若肖,久矣其細也夫"。《道德真經注》卷四

吕吉甫曰:天下徒見我道之大,而謂其似不肖,而不知其所以大,固似不肖也。何以言之? 大道泛兮,其可左右,無乎不在者也。彼其無乎不在,無可疑者,謂之似不肖而不知,其無不在而似不肖,乃道之所以爲大也。蓋萬物莫非道也,則道外無物,則無所肖者,此其所以爲大也。若有所肖,則道外有物矣。道外有物,則道有所不在,其尚得爲

大乎。《道德真經傳》卷四

王元澤曰:肖者有所似,道爲萬物祖。故體道者,物當似我,我豈似物乎? 蓋有所似,則是象彼者也。象彼則彼必大,而我小矣。

我有三寶,保而持之。

唐明皇曰:我道雖大,無所象似,然有此三行三寶,甚可珍貴,能常保倚執持,可以治身治國也。《唐玄宗御注道德真經》卷四

王元澤曰:凡此三寶,皆俗情所謂小,而乃至人之所以爲大也。

一曰慈,

王元澤曰:慈主於愛,愛物仁也,而獨稱慈者,仁則廣德以覆下,於末爲盛矣。老子方語其本,故不曰仁而曰慈。慈者,父道爲父之道,仁之本,而不假依憑爲者也。

唐耜①曰:慈,愛也。《禮記》曰:"爲人父者,止於慈。"

---

① 《宋史》:"唐耜《字説集解》三十册(卷亡)。"《永樂大典》:"唐耜爲邛守,好游其地,冀有所遇,每立碑下,摩挲讀之。忽能認一字,曰:'豈非某字乎?'傍有人應曰:'然。'耜惡其儳言,比使去,既而悔之,不見其人矣。又嘗出游,逢道人立路左作戲呼曰:'使君奉贈一土鏡。'命從吏取之,乃頑塊也,怒以爲侮己,將執以歸,細視其塊,果耿耿有光采,始疑爲異人,俄亦不知所在。唐氏至今寶此土。耜字益大,仕至祕閣修撰。"據此可知,唐耜,字益大,宋人,著《字説集解》三十册(已佚),與道教頗有關聯,曾爲邛(古地名,今四川西昌)守,後官至祕閣修撰。

《禮記·大學》茲益也。慈者,人之本,父子之道,天性也。人之慈孝,自得於所性之中,無待於外矣。仁者,人也,以兼愛愛無差等親疏爲心,去性遠矣。老子方明道德之要,故以慈爲寶。

宣聖五常仁、義、禮、智、信,以仁爲首;釋迦十戒①,以殺爲先。三聖孔子、釋迦牟尼、老子雖殊,以慈爲本則一也。

二曰儉,

顧歡曰:寶精愛氣,不爲奢費。

吕吉甫曰:其行身也,徐而不費,以約爲紀,非儉有而不盡用乎?《道德真經傳》卷四

儉,德之共同也。大禹修身,以克儉爲賢;文王爲治,以節儉爲化教行。儉之爲德大矣哉!《書》曰:"恭儉惟德。"《尚書·周官》

三曰不敢爲天下先。

顧歡曰:履謙居後,不爲物先。

吕吉甫曰:未嘗先人,而常隨人,人皆取先,己獨取後,非不敢爲天下先乎?《道德真經傳》卷四

王元澤曰:於《易》則謙是也。天地人神,皆以謙爲貴,

---

① 十戒,佛教語。佛教沙彌和沙彌尼所受十條戒條。據《俱捨論》卷十四、《沙彌十戒法并威儀》、《沙彌尼戒經》等記載,十戒爲不殺生、不偷盜、不淫、不妄語、不飲酒、不著華鬘好香涂身、不歌舞觀聽、不坐高廣大床、不非時食、不蓄金銀寶物。

故聖人寶之。

孔聖以仁道爲本，以儉讓爲德，亦寶此三者而已。

夫慈，故能勇；

王弼曰：夫慈，以陳通"陣"，布陣作戰之意則勝，以守則固，故能勇勇邁也。《道德真經注》卷四

呂吉甫曰：夫慈爲柔弱矣，而能勝剛强，是能勇也。《道德真經傳》卷四

孟子曰："仁者無敵。"《孟子·梁惠王上》帝舜性仁，形爲四罪①之誅；典出《尚書·舜典》成湯克仁，能勝夏桀之虐；文王視民如傷毀傷，可謂慈矣典出《左傳·哀西元年》，"文王一怒而安天下之民"《孟子·梁惠王下》，豈非勇乎？

儉，故能廣；

顧歡曰：治身愛氣，則性命自延；治國愛人，則德化自廣。

儉以修身，則精神不費；儉以治國，則財用有餘。《書》曰："慎乃儉德，惟懷永圖言當以儉爲德，思長世之謀。"《尚書·太甲上》

不敢爲天下先，故能成器長。

御注：不爭而善勝者，天之道。道之尊，故爲器萬物之

---

① 四罪，意爲懲辦四個罪人。《尚書·舜典》："流共工於幽州，放驩兜於崇山，竄三苗於三危，殛鯀於羽山，四罪而天下咸服。"

長首長。《宋徽宗御解道德真經》卷四

河上公曰：不爲天下首先，成器長，謂得道人也。我能爲道人之長也。《道德真經注》卷四

舒王曰：不敢爲天下先，則物莫爲之先，故能成其器長。

今捨其慈且勇，捨其儉且廣，捨其後且先，死矣！

御注：世之人知勇之足以勝人，而不知慈乃能勇；知廣之足以夸通"跨"，兼有衆，而不知儉乃能廣；知器長之足尚，而不知自後之爲要，則剛强之徒而已，有死之道焉。《宋徽宗御解道德真經》卷四

顧歡曰：棄捨慈悲，且爲勇敢，謂負氣憑持意氣輕死以死爲輕，以不懼爲勇。不寶其氣，而捨散其精，不愛其人，而廣用其力，捨其後己，但爲人先，所行如此，動入死地。

夫慈，以戰則勝，以守則固，

御注：仁人無敵於天下，故以戰[1]則勝。民愛其上，若手足之捍頭目，子弟之衛父兄，效死捨命報效而弗去，故以守則固。《宋徽宗御解道德真經》卷四

唐明皇曰：用慈以戰，利在全衆保全衆庶；用慈以守，利在安人。各保安全，故能勝固爾。《唐玄宗御注道德真經》卷四

---

① 傅奕本和範應元本作"陳"，範應元曰："陳，音陣，軍師行伍之列也。"

天將救之，以慈衛之。

御注：志於仁者，其衷爲天所誘_{誘導}；志於不仁者，其鑒爲天所奪。則天所以救之衛之者，以慈而已。此三寶所以慈爲先。《宋徽宗御解道德真經》卷四

河上公曰：天將救助善人，必與慈仁之性，使能自營_{經營、營治助也}。《道德真經注》卷四

王元澤曰：三寶皆以慈爲心，言天救衛之者，以其慈故也。

此章言道大而爲寶者三，三寶之中，以慈爲本，故篇終言天將救之，以慈衛之。

善爲士章第六十八

善爲士者不武，

盧裕曰：士者，將帥不武，謂不以武凌人。

呂吉甫曰：士之爲言事_{事奉}道，而以將_{統帥}人爲任也。事道則不争勝，將人則用人之力，何所事武？《道德真經傳》卷四

“若市南宜僚弄丸而兩家之難解①，孫叔敖②甘寢^{高枕而}逍遙_{秉羽}執羽扇而自得_{而郢}楚都人投息兵。”_{《莊子·徐無鬼》。}

善戰者不怒，

御注：上兵伐謀，而怒實勝思。_{《宋徽宗御解道德真經》卷四}

河上公曰：善以道戰者，禁邪於心胸，絕禍於未萌，無所誅怒_{《意林》作“怨怒”}也。_{《道德真經注》卷四}

舒王曰：不怒則善戰。

吕吉甫曰：爲士而無所事武，則善戰者不怒，善勝敵者不爭，善用人者爲之下，固其宜也。_{《道德真經傳》卷四}

戰，危事也。善戰者，吊_謂有死而問之民伐罪而已，豈有私怒以用危事而害民者哉？若湯放桀、武王伐紂是也。

善勝敵者不爭，

御注：爭，逆德也。“爭地以戰，殺人盈野；爭城以戰，殺人盈城。”_{《孟子·離婁上》}勝敗特未定也。不武所以成其武，不怒所以濟其怒，不爭所以彌_{彌縫補合}其爭，三者皆出於德，

---

① 宜僚，姓熊，字宜僚，楚之賢人，亦是勇士沈（没）〔默〕者也。居於市南，因號曰市南子焉。勇力過人，喜好弄丸。《左傳·哀公十六年》《莊子·徐無鬼》均有記載。成玄英《莊子·徐無鬼》疏曰：“楚白公勝欲因作亂，將殺令尹子西。司馬子綦言熊宜勇士也，若得，敵五百人，遂遣使屈之。宜僚正上下弄丸而戲，不與使者言。使因以劍乘之，宜僚曾不驚懼，既不從命，亦不言佗。白公不得宜僚，反事不成，故曰兩家難解。”

② 孫叔敖，姓孫，字叔敖，楚之令尹，甚有賢德者也。

故曰善。《宋徽宗御解道德真經》卷四

河上公曰：善以道勝敵者，附近_{使近者親附}以仁，來遠_{招致}
_{遠方之人}以德，不與敵爭，而敵自服。《道德真經注》卷四

劉仁會曰：德感物賓，故曰勝敵。兵刃不交，故曰不
爭。

爭，逆德也。不爭而勝，乃爲善也。"兵貴伐謀，不重
交刃_{短兵相交}，百戰百勝，非用兵之善也。善用兵者，不戰而
勝，善之善也。"《劉子·術兵》

善用人者爲之下。

御注："智雖落天地，不自慮也"①，故智者爲之謀；"能
雖窮海內，不自爲也"②，故能者爲之役；"辯雖彫萬物，不自
說也"③，故辯者爲之使。《宋徽宗御解道德真經》卷四

河上公曰：善用人自輔佐者，當爲人執謙下也。《道德真
經注》卷四

《纂微》曰：善用人者，以謙_{致恭也}不自滿不以力强_力。故
用輔弼_{輔佐之臣}，則比之股肱_{大腿及手臂}心膂_{脊骨}；用將帥之
臣，則跪而受鉞_斧，行而推轂_車，_{喻對將帥之隆遇}。《道德真經藏室纂

---

① 語出《莊子·天道》，成玄英疏曰："謂三皇五帝淳古之君也。知照明
達，籠落二儀，而垂拱無爲，委之臣下，知者爲謀，故不自慮也。"

② 語出《莊子·天道》，郭象注曰："夫在上者，患於不能無爲而代人臣
之所司。"

③ 語出《莊子·天道》，成玄英疏曰："弘辯如流，彫飾萬物，而付之司
牧，終不自言也。"

微篇》卷九

是謂不争之德，

吕吉甫曰：體道者不争，不争則天下莫能與之争，則善爲士者不武，善戰者不怒，善勝敵者不争，是謂不争之德也。《道德真經傳》卷四

是謂用人之力，

御注：聰明者竭其視聽，智力者盡其謀能，而位之者無智也。《宋徽宗御解道德真經》卷四

吕吉甫曰：體道者，能下人居於人之後、之下。能下人者，人樂爲之用，而不自用。則善用人者爲之下，是謂用人之力。《道德真經傳》卷四

是謂配天，古之極也。

御注：無爲爲之之謂天不爲此爲，而此爲自爲，乃天道，不争而用人，故可以配天，則至矣，不可以有加益矣。故曰“古之極”，極至也。木之至者，屋極是也。《宋徽宗御解道德真經》卷四

此章言善爲士者不武。夫不怒不争，用人之力，是不武也。德則不争，力則用人，故可以配天，無爲而無以加矣。

用兵有言章第六十九

用兵有言：“吾不敢爲主而爲客，

御注：感之者爲主，應之者爲客，迫而後動，不得已而後起，謂之應兵。應兵爲客者也。《宋徽宗御解道德真經》卷四

顧歡曰：在國先舉，在陣先動爲主。和而不唱，迫而後動爲客。先舉先動，驕盈必危。今欲順天應人，以自全保，既不先舉，是不爲主，不得已而用，是故爲客。

不敢進寸而退尺。”

御注：不嗜殺人，故難進而易退。《宋徽宗御解道德真經》卷四

呂吉甫曰：主逆而客順，主勞而客逸，進驕而退卑，進躁而退靜，以順待逆，以逸待勞，以卑待驕，以靜待躁，皆非所敵也。《道德真經傳》卷四

王元澤曰：不勇於殺伐。

是謂行無行，

御注：善爲士者不武，行謂行陣而無迹。《宋徽宗御解道德真經》卷四

唐明皇曰：爲客退尺，不與物争，雖行應敵，與無行同矣。《唐玄宗御注道德真經》卷四

張君相曰：兵由彼起，我實不行，應物而動，雖行無行欲行陣相對而無陣可行。

王元澤曰：至仁之兵，有征無戰，與無行同。

攘無臂，

唐明皇曰：攘_{援臂}臂所以表怒，善戰者不怒，若無臂可攘_{欲援臂相鬥而無臂可援}。《唐玄宗御注道德真經》卷四

仍無敵，

御注：善勝敵者不爭。《宋徽宗御解道德真經》卷四

顧歡曰：仍，引也。人既服德，則班還師振整_{頓休整}旅_{同指軍隊}，雖欲引敵，無敵可引。

執無兵。

御注：用人之力，故無事於執兵_{兵器}。《宋徽宗御解道德真經》卷四

唐明皇曰：執兵所以表殺，今已慈和_{愛睦}爲主，故雖執兵，與無兵同。《唐玄宗御注道德真經》卷四

王元澤曰：雖有戰之名，前無敵者_{指"仍無敵"}，故與不戰同。

禍莫大於輕敵，

成玄英曰：內明敵前境_{六塵境也}，輕染_{熏習}諸塵，則致三塗①之禍。

---

①　三塗，佛教語。指火塗、血塗、刀塗。亦即地獄道、畜生道、餓鬼道。《維摩經·方便品》："菩薩成佛時，國難無有三塗八難。"唐湛然《止觀輔行傳弘決》一之三："《四解脫經》以三塗名火、血、刀也。"

輕敵則幾喪吾寶。

成玄英曰：幾，盡也。輕敵則好勇而不慈，廣貪而失儉，好進而不退，盡失前三寶。

呂吉甫曰：苟爲不能出於無爲，知主而不知客，知進而不知退，是之謂輕敵。輕敵則喪吾之慈，而失仁民愛物之心矣。《道德真經傳》卷四

故抗兵相加，哀者勝矣。

唐明皇曰：抗，舉也。兩國舉兵以相加_{當也}，謂兩軍相當，則慈哀憐惜之意於人者勝。《唐玄宗御注道德真經》卷四

王元澤曰：哀憐之心，慈也。慈故能勇，所以勝。一本作相若，亦通。若之言兵刃相敵也。

此章言用兵出於不得已，故爲客，退尺。不敢輕敵，恐喪其寶，故舉兵相加，慈哀於人者勝。

吾言甚易知章第七十

吾言甚易知，甚易行，天下莫能知，莫能行。

御注：道炳_明而易見，故載_{記載}之言，則甚易知。要而易守也，故見之事，則甚易行。孟子曰："道若大路，然豈難知哉？"《孟子·告子下》故道無難，而天下無不能有難，不能者，不知反求諸已爾。《宋徽宗御解道德真經》卷四

　　蘇子由曰：道之大，復性而足。性之妙用，見於起居飲食之間爾。聖人指此以示人，豈不易知乎？人能體此以應物，豈不易行乎？然世常患日用而不知，知且不能，而況行之乎？《道德真經注》卷四

　　易則易知，近則易行，以其至易也。非思慮擬議_{揣度議}論之所能喻，所謂不慮而知也；以其至近也，非步驟遲速之所能至，所謂不行而至也。用智以知之，則淺矣，故天下莫能知；用力以行之，則莫能至，故天下莫能行。

言有宗，事有君。

　　御注：言不勝能窮也，而理爲之本；事不勝應也，而道爲之主。順理而索，循道而行，天下無難矣。《宋徽宗御解道德真經》卷四

　　言以無言爲宗，事以無事爲君，得其宗而易知，識其君而易行，天下不能知、不能行者，不知其宗與君而已。

夫唯無知，是以不我知。

　　蘇子由曰：言者道之筌_{捕魚之器具，引申爲工具、手段}也，事者道之迹也。使道可以言盡，則聽言而足矣；可以事見，則考事而足矣。惟言不能盡，事不能見，非捨言而求其宗，遺事而求其君，不可得也。蓋古之聖人，無思無爲，而有漠然_{清虛淡泊貌}不自知者存焉。此則思慮之所不及，是以終莫吾知也。《道德真經注》卷四

知我者希，則我者貴。

河上公曰：希，少也。唯達道者，乃能知我，故爲貴亦"希"也。《道德真經注》卷四

《纂微》曰：至道之言，有宗有君，惟明者知之，故希少矣。《道德真經藏室纂微篇》卷九

惟知者少，此所以爲貴也。使淺識識見膚淺之人以知聖人，則豈足貴邪？

是以聖人被褐懷玉。

河上公曰：被披褐粗布者，薄外；懷藏也玉者，厚内。匿寶藏德，不以示人也。《道德真經注》卷四

王弼曰：被褐者，同其塵；懷玉者，寶其真樸，本真也。聖人之所以難知，以其同塵而不殊，懷玉而不顯，故難知而爲貴也。《道德真經注》卷四

褐者，粗淺之服。玉者，精貴之寶。被褐者，顯粗於外，和光同塵，若愚若昏，不殊於俗；懷玉者，藏寶於内，懷道抱德，匿名藏譽，不示於人，與珉石之美者中玉表者異矣。莊子曰："聖人懷之以不辯爲懷耳，聖人無懷，衆人辯之以相示也不見彼之自辯，故辯己所知以示之。"《莊子·齊物論》

此章言道易知易行，然天下莫能知、莫能行者，以言有宗，事有君也。夫惟有宗與君，是以知者少也。聖人所以難知者，寶此道而被褐故爾。

知不知上章第七十一

知不知,上;不知知,病。

吕吉甫曰:道之爲體,不知而能知者也。知其不知,而以不知知之,至者也。故曰"知不知知道自己有所不知,上"矣。雖知其不知,而以知知之,則其心庸用也詎何也,猶言何用而寧乎? 故曰"不知知,病"矣。《道德真經傳》卷四

溫公曰:知之如不知,則遠怨;不知而强知,則招患。《道德真經論》卷四

夫惟病病,是以不病。

唐明皇曰:夫惟能病强知之病,是以不爲强知所病。《唐玄宗御注道德真經》卷四

聖人不病,以其病病,是以不病。

吕吉甫曰:夫惟知知之爲病,而病之則反乎無知,而知不足以病之矣。故曰"夫惟病病,是以不病"。聖人不病,以此而已。故曰"以其病病,是以不病"。南伯子綦曰:"我悲人之自喪猶亡失者,吾又悲夫悲人者悲人之自喪者亦可悲,吾又悲夫悲人之悲者,其後而日遠矣。"[1]《莊子·徐無鬼》若子綦者,可謂病病者乎?《道德真經傳》卷四

---

[1]　郭象注曰:"子綦知夫爲之不足以救彼而適足以傷我,故以不悲悲之,則其悲稍去,而泊然無心,枯槁其形,所以爲日遠矣。"

王元澤曰：病而不自知，病者終莫悟矣。

此章言道本無知，知其不知爲上，不知而用，知以知之，則爲病。聖人之不病者，知知之爲病，而反乎無知，是以不病。

民不畏威章第七十二

民不畏威，則大威至。

河上公曰：威，害也。人不畏小害，則大害至，謂死亡也。畏之者當愛精養神，承天_{上承天之道}順地_{下順地之宜也}。
《道德真經注》卷四

成玄英曰：內明威刑也，所謂經戒科律_{泛指戒律}，大威即三塗惡趣_{即惡道，三塗之惡道}、北都羅酆①之刑法也。言一切眾生，未解真理，愛樂世法，輕而行之，則冥中_{陰間}大刑，必將至矣。

劉仲平曰：《詩》云："畏天之威，於時保之。"《詩·我將》蓋眾人不知畏天之威，故大威至矣。

有威可畏謂之威。眾人不知畏天之威，則無所不爲。

---

① 北都羅酆，道教所謂鬼王都城。《上清高上滅魔玉帝神慧玉清隱書·承二·高上玉清刻石隱銘內文》："酆都山在北方癸地，山高三千六百里，周回三萬里。其山洞元在山之下，周回一萬五千里。其上下并有鬼神宮室，山上有六宮，洞中又有六宮，一宮輒周回千里，是爲六天鬼神之宮，二處合一十二宮。上宮主鬼，洞中主神，生死之所由名簿，悉隸北帝君也。"

此天之大降其威虐，而禍罰所加也。故曰"大威至"矣。《書》曰："罔不惟畏，弗畏入畏惟無所不畏，若乃不畏，則入可畏之刑。"《尚書·周官》

無狹其所居，

御注：居清静無爲謂之居者，性之宅。人之性至大，不可圍環繞而曲委曲。士不以語於道者，狹隘也，迫其所居故也。擴而充之，則充滿天地，包裹六極謂上下四方，無自而不可。孟子曰："居天下之廣居。"《孟子·滕文公下》。《宋徽宗御解道德真經》卷四

唐明皇曰：神所居者心也。無狹者除情去欲，使虛空虛而生白道也。《唐玄宗御注道德真經》卷四

無厭其所生。

御注：生者氣之聚。人之生，通乎物之所造，而厭滿足其所生者。"旦晝之所爲，有梏亡之矣。梏之反復輾轉，則夜氣①不足以存。"《孟子·告子上》彼保合大和而無中道夭者，無厭其所生故也。《宋徽宗御解道德真經》卷四

河上公曰：人所以生者，以有精神。精神托空虛，喜清静，如若飲食不節，忽滅道念常思色，邪辟乖謬不正滿腹，爲伐命戕害性命散放神也。《道德真經注》卷四

劉仲平曰：無狹其所居，德之地也；無厭其所生，德之

---

① 平旦清明之氣。自入夜至於平旦，因人未與外界事物接觸，故而産生清明純净之氣，此時良知最易呈現。

本也。德之地盡性也，德之本至命也。故聖人不以人滅天，不以故滅命。

王元澤曰：民性本自廣大流通，而世教下衰，不能使之復樸，乃蹙迫其居之廣而使狹，厭抑其生之通而使塞。夫唯狹其居，故民不淳而僞；唯厭其生，故民不厚而薄。彼聖人不然，使民逍遙乎天下之廣居，而各遂其浩然正大豪邁貌之性，則其有干威者乎？莊子曰："狶 xī 韋 wéi 氏古帝王號之囿彷徨之園囿，黃帝之囿遨游之苑囿，堯舜之宮養德之宮闈，湯武之室怡神之虛室。"《莊子·知北游》此明世，世下衰漸狹其居也。彼聖人豈有優劣乎？而居乃漸狹者，所遭之時則然也。

夫唯不厭，是以不厭。

河上公曰：夫唯獨不厭精神之人，洗心垢濁心之污穢，恬惔無欲，則精神居之而不厭也。《道德真經注》卷四

顧歡曰：人不厭生，生不厭人，人不棄道，道不棄人。故曰："生與人相保，人與道相得。"

《西升經》曰："神常愛人，人不愛神，若人不厭其精神，則精神居之而不去也。"

是以聖人自知，不自見；自愛，不自貴。

河上公曰：自知己之得失，不自顯見德美於外，而藏之於內，自愛其身以保精氣，不自貴高榮名於世。《道德真經注》卷四

呂吉甫曰：聖人自知以常，而不自見以外其身，知常而外其身，乃所以不狹其所居也；自愛以嗇，而不自貴以遺忘

却其生，嗇而遺生，乃所以不厭其所生也。《道德真經傳》卷四

劉進喜曰：保養真性，不輕染欲自愛也。謙卑靜退，先物後己，不自貴也。

明以自知而不自見以矜能，則其性廣而物不能蔽，所謂無狹其所居也。仁以自愛而不自貴以賤物，則其生全而物莫能傷，所謂無厭其所生也。夫然則豈至於干天之威乎？

故去彼取此。

顧歡曰：去彼見貴則威罰外消，取此知愛則生道內足。

此章言上失其大道之化，民亡其性命之真，故雖有可畏之威而弗畏也。唯無狹其居以盡性，無厭其生以至命，豈有干威者乎？是以去彼見貴，取此知愛，亦使民廣其居而不狹，保其生而不厭也。聖人去彼取此，灼可見矣。

勇於敢章第七十三

勇於敢則殺，

顧歡曰：不懼曰勇，必果果決曰敢。謂見威不懼，必果無回，強梁使氣殺身之術。

成玄英曰：勇謂猛進也，敢謂果決也，殺謂死滅也。言進必果決，貪於世事則死滅也。

羅什曰：心定所行，果而望得，真去邪來，遂獲其罪，故言殺。

勇於不敢則活。

羅什曰:行柔弱①,唯善是與,則獲其利。言活活,長生也。若進心虛淡,不敢貪染,則長生。

顧歡曰:謂獨立不懼,不敢有爲,守柔盡順,活身之道。

舒王曰:莊子曰:"聖人以必不必,故無兵②;衆人以不必必之,故多兵③。"《莊子·列御寇》勇於敢以不必必之,故多兵而殺,勇於不敢以必不必,故無兵而活。

呂吉甫曰:用其剛强而必於外物者,勇於敢者也,則死之徒是也,故曰"勇於敢則殺"。政其柔弱而無所必者,勇於不敢者也,則生之徒是已,故曰"勇於不敢則活"。《道德真經傳》卷四

此兩者,或利或害。

河上公曰:兩者謂敢與不敢也。活身爲利,殺身爲害。《道德真經注》卷四

王弼曰:俱勇而所施者異—則"勇於敢",一則"勇於不敢",利害不同,故曰"或利或害"也。《道德真經注》卷四

呂吉甫曰:勇於敢者,人以爲利,而害或在其中矣;勇於不敢者,人以爲害,而利或在其中矣。《道德真經傳》卷四

---

① 《道德尊經想爾戒》曰:"行無爲,行柔弱,行守雌,勿先動;行無名,行清静,行諸善;行忠孝,行知足,行推讓。"

② 成玄英疏曰:"達道之士,隨逐物情,理雖必然,猶不固執,故無交争也。"

③ 成玄英疏曰:"庸庶之類,妄爲封執,理不必爾而固必之,既忤物情,則多乖矣。"

天之所惡,孰知其故?

御注:"畸 jī,不耦之名也於人者侔等也、同也於天。"《莊子·大宗師》人之所利,天之所惡,孰從而知之?《宋徽宗御解道德真經》卷四

是以聖人猶難之。

御注:"順天者存,逆天者亡。"《孟子·離婁上》雖聖人不敢易也。《宋徽宗御解道德真經》卷四

天之道,不爭而善勝,

御注:萬物之出,與之出而不辭,萬物之歸,與之歸而不迕,是謂不爭。消息滿虛,物之與俱,而萬物之多,皆所受命,是謂不爭而善勝。《宋徽宗御解道德真經》卷四

唐明皇曰:此下言天道謙虛,以戒人事勇敢,天不與物爭,四時盈虛,物無違者,故善於勝。《唐玄宗御注道德真經》卷四

不言而善應,

王元澤曰:"天何言哉?四時行焉,百物生焉。"《論語·陽貨》福善禍淫,酬 chóu 酢 zuò,應對萬變,無一不生。

劉仁會曰:寂寞無聲,故曰"不言";有感則報答也,故言"善應"。

不召而自來,

御注:有所受命則出命者能召之矣。萬物之紛錯,而天有以制其命,孰得而召之?健行不息,任一氣之自運而已。《宋徽宗御解道德真經》卷四

繟然而善謀。

蔡子晃曰：雖坦蕩平夷，善能謀圖，善惡毫分不差。

王元澤曰：常易故坦然繟_{chǎn也}，知險故善謀。

天網恢恢，疏而不失。

御注：密而有間_{間隙}，人所爲也，天則雖疏_{稀疏}而無間。積善積惡殃慶各以其類，至所以爲不失，且爭而後勝，言而後應者，人也。天則不爭而善勝，不言而善應。召之則至，難於知天者，人也。天則不召而自來，坦然而善謀。惟聖人爲能體此，故不就利，不違害，常利而無害，所以與天合德，異夫勇於敢者。《宋徽宗御解道德真經》卷四

曹道沖曰：物不能逃者，天網也。恢_{大猶宏大}疏略，物無漏者。

包羅上下六合，萬物不能逃其内者，天網也。恢恢，甚大。雖則疏略，賞善禍淫，毫分不失。

此章言勇於敢與不敢。夫勇敢者天之所惡，雖聖人猶難於勇敢。下文言天道謙虛，當視以爲法。

民常不畏死章第七十四

民常不畏死，奈何以死懼之？

顧歡曰：奈何，猶如何也。道德陵夷_{衰退、衰落}，刑罰深酷_{苛刻嚴酷}，則生不足懷_{思念}，死不足畏。人不畏死，本由刑政

之苟，如不慕大德以生，人更設嚴刑以懼，物民將抵冒觸犯、抵御而終不化修已。奢淫則精窮氣竭，萬神交落遺失、落下，動之死地，不能制情遣欲，更爲險行驚神。

上失其道，民無常心，以抵冒法禁，何死之畏？上猶以死懼之，釿 jīn，同"斤"，斧頭鋸古刑具，特指刖刑制焉，繩墨喻規矩、法度殺焉，而亂終不止，則秦以下是也。

若使民常畏死，而爲奇者，吾得執而殺之，孰敢？

御注：天下樂其生而重犯法矣。然後奇奇詭言者有誅，異行者有禁。荀卿荀子所謂"犯治社會治理之罪固重"《荀子·正論》也。《宋徽宗御解道德真經》卷四

河上公曰：以道教化，而民不從，反爲奇巧，乃應以王法，執而殺之，誰敢有犯者？老子傷時哀傷其時世不如所願，王不先以道德化人，而先刑罰。《道德真經注》卷四

王弼曰：詭異亂真，謂之奇也。《道德真經注》卷四

常有司殺者殺。

唐明皇曰：如此奇詐之人，天網不失，是常有司殺者天道殺之。《唐玄宗御注道德真經》卷四

杜光庭曰：司，主也。天之養人也厚矣，愛人也至矣。南宮①

---

①　南宮，仙宮名，猶言火府。《皇經集注》卷十《慶驗品續三十三章》："即得南宮受煉。"注："南宮，朱陵府，度魂煉魄之宮也。受煉，受南宮煉度也。"《度人經集注》："齊嚴東：南宮者，長生之宮也，度命君治在其中，諱籙員，得入南宮之中，籙員即煉度朽骸。"

丹籙①賞善而司生，北宮②黑簿③紀同"記"過而主死，天地萬神，司察善惡，以懲以勸，俾使其革改惡而遷善也。故有功者延年，有罪者奪筭壽命之數，毫分無失，如陽宮④之考較焉。天有司命四司⑤之星，在虛危之間，人星⑥之側，以司於人。此四司星者，《三元經》⑦所謂"天之司殺"也。《道德真經廣聖義》卷四十七

夫代司殺者殺，是謂代大匠斲。

河上公曰：人君欲代殺之偽托天道，是猶拙夫粗鄙之人代

---

①　道家記錄神仙名之書。籙或以丹書寫，故稱。

②　北宮，《史記·天官書》："北宮玄武，虛、危。"虛、危皆爲北方星宿之名。特指北宮所居之神君，即真武大帝。

③　黑簿，猶鬼籍。《皇經集注》卷九《應驗品續十五章》："上奏三官，黑簿名書，青編減算。"注："黑簿，録過之簿也。"謂人死後應歸幽冥地府。亦言鬼籙。傳統觀念謂記錄死人名籍。《三十代天師虛靖真君語録》卷一《開壇法語》："莫待酆都使至，黑簿勾名，到此悔之何及。"

④　《道德真經廣聖義》卷四十七作"官"，應從"官"，陽間之官吏。

⑤　四司，司命、司禄、司危、司中。星名。孔穎達曰："熊氏引《石氏星經》云：'司命二星在虛北，司禄二星在司命北，司危二星在司禄北，司中二星在司危北。'"

⑥　人星，亦稱"卧星"，星宿名。共五星，屬危宿。《宋史·天文志三》："人五星，在虛北，車府東，如人形，一曰主萬民，柔遠能邇；又曰卧星，主夜行，以防淫人。"又："杵三星，在人星東。"

⑦　《三元經》，即《太上三元賜福赦罪解厄消災延生保命妙經》。據姜守誠考，當成書於明正統十年（1445年）前後至景泰四年（1453年）間。收録於《正統道藏》續道藏。

大匠_{技藝高超者}斲木，乃勞而無功也。《道德真經注》卷四

夫代大匠斲，稀有不傷其手矣。

河上公曰：人君行刑罰，猶拙夫代大匠斲木也，必方圓不得其理_{紋理}，還自傷其手。代天殺者，失其紀綱。不得其紀綱，則反受其殃也。《道德真經注》卷四

呂吉甫曰：聖人以道治天下者，宜如何哉？常有司殺者殺，勿代之而已矣。何謂常有司殺者殺？天網恢恢_{寬宏廣大貌}，疏而不失，天討有罪，五刑①_{五用用五刑宜必當}，則司殺者天之謂也。刑戮者有出於好惡而不用於天討，則是代司殺者殺也。代司殺者殺，是代大匠斲，稀有不傷其手者，則代司殺者殺，其傷可知。《道德真經傳》卷四

此章言民無常心而不畏死，當先化之以道，不可威之以刑。若民畏死而爲奇者誅之，孰敢有犯？然不可以自殺，而有天之司殺者，若代殺之，是猶代大匠斲，未有不傷其手矣。

---

① 五種不同輕重之刑罰，如墨、劓、刖、宮、大辟。

卷之十二

民之飢章第七十五

民之飢，以其上食稅之多，是以飢。

御注：賦重則田萊多荒，民不足於食。《宋徽宗御解道德真經》卷四

呂吉甫曰：一夫耕足以食 sì，_{供養}數口，則奚至於飢哉？而至於飢者，非以其上食稅之多故耶。《道德真經傳》卷四

王元澤曰：張官_{設置官員}賦祿制禮用，則將以富民也。而費多增稅末盛本衰，適使之飢而已。

幽王_{周幽王}賦重而《楚茨》_{《詩·小雅·谷風之什》}之詩刺，魏君重斂而《碩鼠》_{《詩·魏風》}之詩作。此二篇皆刺王之政煩而賦重。

民之難治，以其上之有爲，是以難治。

御注：政煩則姦僞滋起，民失其樸。《宋徽宗御解道德真經》卷四

劉進喜曰：有爲則政煩，無爲則事簡，簡則易從，煩則

難治。六情難制，由一心之有爲。

呂吉甫曰："織而衣，耕而食，是謂同德_{率其真常之性，物各}_{自足，故同德}。"《莊子·馬蹄》奚難治哉？而至於難治者，非以其上之有爲，故難耶。《道德真經傳》卷四

王元澤曰：任察生事，將以治民，而人困_{倦極力乏}俗彫_雕刻衆形，巧僞彌出，愈難治矣。觀上古與後世，即其驗也。

無爲而治者，舜之所以爲帝；垂拱而治者，武之所以爲王。帝王興成，皆原於此。《經》曰"爲無爲則無不治"《道德經》三章矣。

人之輕死，以其求生之厚，是以輕死。

《纂微》曰：賦重政煩，民亡本業，則競求寶貨而觸法犯禁，輕就死地，以其求養生之具太厚，致有蹈水火而不懼，逆白刃而不驚者，故曰"是以輕死"。《道德真經藏室纂微篇》卷十

呂吉甫曰：甘其食，美其服，安其居，樂其俗，則奚至於輕死哉？而至於輕死者，非以其生生之厚，故輕死耶。《道德真經傳》卷四

溫公曰：求利所以養生也，而民常以利_{利生之厚}喪其生。《道德真經論》卷四

矜_惜生太厚，欲利甚勤，觸刑蹈險，視死輕矣。

夫唯無以生爲者，是賢於貴生。

御注：莊子曰："達_{暢、通}生_出之情_{實情，真相}者，不務生之所無以爲_{無可爲}。"《莊子·達生》無以生爲者，不務生之所無以爲，棄事_{形逸而不勞}而遺生_{神凝而不損}故也。棄事則形不勞，遺

生則精不虧,形全精復,與天爲一,所以賢於貴生。貴生則異於輕死,遺生則賢於貴生。推所以善吾生者而施之於民,則薄稅斂,簡刑罰,家給人足,畫衣冠異章服①而民不犯,帝王之極功也。《宋徽宗御解道德真經》卷四

　　此章言賦重政煩,民亡本業,是以輕死。此三事民之饑,民之難治,民之輕死皆以末傷本者也。貴生則異於輕死,無以生爲則賢於貴生。

人之生章第七十六

人之生也柔弱,其死也堅强。

河上公曰:人生含和氣,抱精神,故柔弱人體之柔軟。人死和氣竭,精神亡,故堅强人體之堅硬。《道德真經注》卷四

萬物草木生也柔脆,

河上公曰:和氣存也。《道德真經注》卷四

其死也枯槁。

河上公曰:和氣散也。《道德真經注》卷四

嚴遵曰:陽氣之所居,木可捲捲曲而草可結②也。陽氣

---

　　①　畫衣冠異章服,古之象刑,以異常衣著顔色象五刑表懲戒,犯人著特殊標誌衣冠代以刑罰,謂畫衣冠。後指輕刑薄罰。

　　②　曲也。"卷"、"結"作"曲",皆言其能動而活也。

之所去,水可凝而冰可折也凝、折言其定而逝。《道德真經指歸·生也柔弱篇》

故堅强者死之徒,柔弱者生之徒。

河上公曰:以其上二事柔脆與枯槁觀之,則知堅强者死,柔弱者生。《道德真經注》卷四

唐明皇曰:欲明守柔弱者全生保年,爲强梁者亡身失性也。《唐玄宗御注道德真經》卷四

吕吉甫曰:道之爲物,無形而不争,則天下之至柔弱,而人莫之喻也。故以有形喻之,人之生也柔弱,其死也堅强;草木之生也柔脆草木形質柔軟,其死也枯槁乾枯。則雖有形者,亦以堅强而死,柔弱而生,而况體無形之道,而不致於柔弱,其可得乎?《道德真經傳》卷四

是以兵强則不勝,

御注:抗兵相加,哀慈哀於人者勝矣。《宋徽宗御解道德真經》卷四

王真①曰:夏商之裔指夏桀與商紂,以百萬之師而傾喪四海。始皇之末秦二世,以一統之業而喪九州。項羽忽霸而遽急亡,王莽既簒逆而奪取曰簒而旋滅。符堅前秦之主狼狽於淮上伐晉於淮水,兵敗,隋煬分崩於楚宫。此數家兵皆多至數兆,少

---

① 王真,唐代學者,德宗時,任漢州刺史、威勝軍使。憲宗即位後,七年之内,再領方州,任刺史。著有《道德經論兵要義述》上下兩卷,後編爲四卷,并附敘表,收録於《正統道藏》洞神部玉訣類。《全唐文》卷六八三亦有記載。

猶數億,無不自恃其成,以取其敗,此皆兵强則不勝之驗也。《道德經論兵要義述》卷四

兵恃其强則必驕矜。驕矜者,敗亡之道也。秦皇至强,不二世而亡;項氏暴强,不旋踵_{時間短促}而滅。

木强則共。

御注:拱_{兩手所握}把_{一手所握}之桐梓_{二木名},人皆知養之。强則伐而共_{通"烘",燎也}之矣。《宋徽宗御解道德真經》卷四

林木茂而斧斤至,木强則伐而共之。

强大處下,柔弱處上。

御注:柔之勝剛,弱之勝强,老氏之道術有在於是,莊子以濡弱謙下爲表_{彰顯}。《宋徽宗御解道德真經》卷四

仰觀乎天,天積氣而在上,地積形而在下。遠取諸物,木條柔而在上,幹堅强而在下。以此推之,則堅强居下,柔弱處上,可知矣。

是篇泛論人物皆以柔弱者生,堅强者死,欲全生道者,可不鑒兹?

天之道章第七十七

天之道,其猶張弓乎? 高者抑之,下者舉之;有餘者損之,不足者與之。

御注:天之道以中爲至,故高者抑_{損也,退之},不至於有

餘;下者舉之,不至於不足。將來者進,成功者退,四時運行,各得其敘。《宋徽宗御解道德真經》卷四

嚴遵曰:夫工人之爲弓也,無殺無生,無嗋 xié,斂無張,制以規矩,督察以準繩。絃高急者寬而緩之,弦弛下者攝而上之,其有餘者削而損之,其不足者補而益之,弦質指弓身相任猶"抱",上下相權,平正爲主,調和爲常,故弓可抨擇而矢可行。夫按高舉下,損大益小,天地之道。《道德真經指歸·天之道篇》

張君相曰:用弓之道,高者恐過,故抑之令不高;下者不及,故舉之令不下。不下不高,中前期也中可預期。爲行之道,亦務中平,太高則衆所不容,傷下則非議所聚,抑高舉下,合理源也。

唐明皇曰:張弓如此,乃能命中,是猶天道虧盈益謙,欲令人君法天字生也人,故示抑高舉下之道。《唐玄宗御注道德真經》卷四

天之道損有餘補不足。

御注:"滿招損,謙受益,時乃天道。"①《尚書·大禹謨》。《宋徽宗御解道德真經》卷四

人之道則不然,損不足以奉有餘。

御注:人心排下而進上②,虐焭單,無兄弟獨無子而畏高

---

① 孔安國傳曰:"自滿者人損之,自謙者人益之,是天之常道。"

② 成玄英《莊子·在宥》疏曰:"人心排他居下,進己在上,皆常情。"

明①。《宋徽宗御解道德真經》卷四

王元澤曰：人道任情人之常情，故不均。

河上公曰：人道與天道反也。世俗之人，損貧益富，奪弱與強。《道德真經注》卷四

孰能以有餘奉天下？唯有道者。

御注：不虐煢獨而罄盡者與之，不畏高明而饒者損之，非有道者不能。《宋徽宗御解道德真經》卷四

河上公曰：誰能居有餘之位，自省爵禄，以奉天下不足者乎？唯有道之君能行也。《道德真經注》卷四

王元澤曰：有道者，與天合道。

是以聖人爲而不恃，功成不居，其不欲見賢。

羅什曰：得此虛通而無思無慮，豈有心智而欲貴己之賢能。不恃其爲，無自伐之心；不居其功，無自滿之志。恃爲處功則見賢，見賢則是以有餘，自奉供奉、奉養招損之道也。

此章言天之道以中爲至，故抑高舉下，損有餘補不足。聖人法天，不恃爲處功以示其賢，故受益而無損。非知天者，不能與此。

_____

① 孔安國《尚書·洪範》傳曰：“單獨者，不侵虐之寵貴者，不枉法畏之。”

天下柔弱章第七十八

天下柔弱莫過於水，而攻堅强者莫之能勝，其無以易之。

呂吉甫曰：天下之物，唯水能因物之曲直方圓而從之，則是柔弱莫過於水者也。而流水行大物，轉大石，穿突出貌陵谷，浮載天地萬物，唯水爲能，則是攻堅强者無以先之也。所以然者以其雖曲折萬變，而終不失其所以爲水，是其無以易之也。《道德真經傳》卷四

水隨物萬變而不易己者，以其柔弱故也。人能體此，雖應萬殊之變，而吾心常一，故能勝物而不傷。

故柔勝剛，弱勝强，天下莫不知，莫能行。

河上公曰：舌柔齒剛，齒先舌亡。水能滅火，陰能消陽，知柔弱者久長，剛强者折傷。恥謙卑，好强梁。《道德真經注》卷四

是以聖人言：“受國之垢，是謂社稷主；受國不祥，是謂天下王。”

王元澤曰：聖人所以能柔弱者，體水以爲德也。受國不祥，其納污守辱之義乎？

引萬方之罪歸己，是受國之垢濁也。故爲一國之君主，稱孤、寡、不谷，是受國之不祥也，故天下之人歸往矣。

正言若反。

王元澤曰：反於小知之近情，而合於大道之至正。

蘇子由曰：“正言合道而反俗，俗以受垢爲辱，受不祥
爲殃，故也。”《道德真經注》卷四

此章言柔弱勝剛强。故先舉水以爲喻，後引聖人言以
信之。

和大怨章第七十九

和大怨，必有餘怨，安可以爲善？

吕吉甫曰：“復讎者不折鎮干_{良劍鎮鋣、干將并稱}，雖有忮
zhì 心_{嫉恨之心}，不怨飄瓦，是以天下平均。”《莊子·達生》不由此
道，則怨之所生也。而人欲和之，不可勝解矣。故曰：“和
大怨者，必有餘怨。”不善者，吾亦善之，乃所以爲德善。和
大怨而不免於有餘怨，安可以爲善哉？《道德真經傳》卷四

人君不能無爲無事，謙卑柔弱，而民乃多欲好争，怨惡
并興。人君立法以繩_{度也}之，其殺人者死，傷人者刑，而和
報其怨，奈何姦詐愈甚而怨惡益多，則安可以爲善！

是以聖人執左契，

河上公曰：古者聖人執左契①，合符信也。無文書法

---

①　卷契，大約也。有左右之分，有待人責於己而不責人之意。

律,刻契合符,以爲信也。《道德真經注》卷四

　　陸希聲曰:古者結繩爲約,而民不欺;破木爲契,而民不違,何者? 聖人無常心,以百姓心爲心也。故聖人之心,與百姓心,猶左右契爾。契來則合,而不責於人,故上下相親,怨用不作。《道德真經傳》卷四

　　李榮曰:古者聖人刻木爲契,君執於左,臣執於右,爲信合之於符契,不復制之以法律,於物無罰,故曰"不責於人"。是故不罰不責,何怨? 何和?《道德真經注》

　　王弼曰:左契,防怨之所由生也。《道德真經注》卷四

而不責於人。

　　呂吉甫曰:是以聖人執左契而不責於人,是乃使復讎者不折鏌干,雖有忮心,不怨飄瓦,而天下平均之道也。蓋古之獻牛馬者,執右契,右契所以取,左契所以與,則左契者常以與人,而不爲物主者也。聖人爲而不恃,功成不居,每以有餘奉天下,至於殺人則有司殺者,殺而未嘗尸之,則是執左契以與人,而不爲物主,此其所以無怨而不責於人之道也,夫豈以和之爲悅乎?《道德真經傳》卷四

　　王元澤曰:左契取於人,右契取人。左無事而右主權,故古者分契之法如此也。聖人執左契,不從事於物,而物自來合,吾應其合者爾,所謂感而遂通天下之故也。然則聖人常受天下之責,而無責人之心,是以終無怨。莊子曰:

"以得爲在人，以失爲在己。"①《莊子·則陽》湯曰："萬方有罪，罪在朕躬。"②《論語·堯曰》引《尚書·湯誥》語 此之謂也。《記》曰："獻牛馬者操右券。"《禮記·曲禮》，略異。③ 蓋獻者并券以進，是知左券乃受責者之所執。《史記》曰："操右契以責事。"此句今不見於《史記》各篇

故有德司契，

王元澤曰：不從事於物，而應物之合者。

嚴仙曰：求諸己。④

有德之君，司察契信，不令怨生，而後責於人也。

無德司徹。

河上公曰：無德之君，背其契信，司人所失。《道德真經注》卷四

嚴仙曰：求諸人。

舒王曰：司徹於事，則不能無責於人。不能無責於人，則不能使人之無怨。此其所以爲無德也。

徹，通也。無德者物物求通，而有和怨之心焉。茲徹

---

① 成玄英疏曰："推功於物，故以得在民；受國不祥，故以失在己。"

② 朱熹注曰："言君有罪非民所致，民有罪實君所爲，見其厚於責己薄於責人之意。"

③ 《曲禮》："獻粟者執右契。"

④ 此句注文，及後"求諸人"不見於其他版本。

也,秪 dǐ,僅僅所以爲蔽歟。故曰:"樂通物,非聖人也。"①《莊子·大宗師》

天道無親,常與善人。

御注:善則與_{朋群}之,何親_{偏私}之有?《宋徽宗御解道德真經》卷四

呂吉甫曰:無親而唯善人之與,是亦執左契而不責於人之道也。《道德真經傳》卷四

王元澤曰:唯天無心,但善則與明,天與聖人同道也。

此章言有心和怨,不若無心司契。和怨則必有餘怨,司契則不責於人。天道無親唯善,則與是亦執左契,不責於人之道也。

小國寡民章第八十

小國寡民,

河上公曰:聖人雖治大國,猶以爲小,示儉約,不奢泰。民雖衆,若寡少,不敢勞_{無爲}也。《道德真經注》卷四

臧玄静曰:土地不多爲小國,士卒不衆爲寡民。

王元澤曰:小國寡民,則民淳厚,蓋國大民衆,則利害相摩,巧僞日生。觀都邑與聚落之民,質_{本性}詐殊俗,則其驗也。

---

① 郭象注曰:"夫聖人無樂也,直莫之塞而物自通。"

小制國則事簡，寡聚民則民淳。事簡民淳，可以復太
古之治矣。

使有什伯之器而不用，

舒王曰：夫民之寡，則吾之用亦狹矣。故小國之寡民，
雖有什伯之器_{十倍百倍人工之器}不用矣。

王元澤曰：十人所共_{合也}，_{謂十人之力之合}謂之什器，百人
所共謂之伯器。清靜之治，務使民各遂其生理，而不妄興
作，終無連群聚眾之事，故雖器有什伯而不用也。

使民重死而不遠徙。

河上公曰：君能爲民興利除害，各得其所，則民重死而
貪生也。政令不煩，則民安其業，故不遠遷徙，離其常處。
《道德真經注》卷四

王元澤曰：樂生遂性，故重死；安土無求，故不遠徙。

重死者，不輕生也。與人之輕死以其生生之厚者異
矣。不遠徙者，安其居也。與萬民離散不安其居者異矣。

雖有舟輿，無所乘之；雖有甲兵，無所陳之；

御注：無絕險之迹，故雖有舟輿，無所乘之；無攻戰之
患，故雖有甲兵，無所陳之。《宋徽宗御解道德真經》卷四

《纂微》曰：刳木爲舟，以濟於水；斲輪爲輿，以通於陸，
蓋適遠之用也。無爲之世，山無蹊隧_{道路}，澤無舟梁，本絕
往來_{莫往莫來}，何所乘用？《道德真經藏室纂微篇》卷十

張君相曰：兵以討逆，武以靜亂，上既行道，下乃好德，

自然從化,何事陳兵。内明舟輿以喻小乘,甲兵以喻小智,行人心安,實相廢而不用。

王元澤曰:民自足於性分之内,則無遠游交戰之患。

曹道沖曰:大國不侵,小國守土,介胄猶甲胄戈矛,不戰安用?

使民復結繩而用之。

王元澤曰:事簡民淳,故無用文契。

唐明皇曰:舟輿所以利遷徙,甲兵所以徇速、疾攻戰,兩者無欲,故無所乘陳,返樸還淳,復歸於結繩之用矣。《唐玄宗御注道德真經》卷四

《疏》曰:古者書契未興,結繩紀事,故《繫辭》曰“上古結繩而治,後世聖人易之以書契”《易·繫辭下》。欲明結繩之世,人人淳樸。文字既興,詐僞日漸。今將使人忘情去欲,歸於淳古,故曰“使民復結繩而用之”。《唐玄宗御制道德真經疏》卷十

甘其食,美其服,安其居,樂其俗。

御注:耕而食,織而衣,“含哺口銜食物而嬉,鼓腹而游,民能已此矣”《莊子·馬蹄》。止分故甘,去華故美,不擾故安,存生故樂。《宋徽宗御解道德真經》卷四

唐明皇曰:不貪滋味,故所食常甘;不事文繡,故所服皆美;不飾棟宇,故所居則安;不澆淳樸,故其俗可樂。《唐玄宗御注道德真經》卷四

鄰國相望，雞犬之音相聞，民至老死不相往來。

王元澤曰：此盡性之治，民亦盡其性。竊嘗考《論語》與《孟子》之終篇，皆稱堯、舜、禹、湯聖人之事業。蓋以爲舉是書而加之政，則其效可以爲此也。老子，大聖也，而所遇之變，適當反本盡性之時，故獨明道德之意，以收斂事物之散，而一之於樸誠。舉其書以加之政，則化民成俗，此篇其效也。故《經》之義終焉。

吕吉甫曰：三代以來，至於周衰，其文弊甚矣。民失其性命之情，故老子之言救之以質，以反太古之治。① 然《詩》《書》之所言，則止於堯、舜三代，而老子欲反太古之治，何哉？曰：“夫道與世交相喪久矣，非大道不足使人反性命之情，言道而不及其世，不足以知大道之已試用，此其所以必反太古之道也。”然則世去太古也久矣，遂可以盡復乎？曰：“未可也。”然則其言之何也？曰：“禮至於兼三王，樂至於備六代黄帝、唐、虞、夏、殷、周，其文極矣。然而禮不以玄水《禮

---

① 《道德真經傳》卷四此處有：“小國寡民，使有什伯之器而不用，使民重死而不遠徙。雖有舟輿，無所乘之；雖有甲兵，無所陳之。此救之以質，而反乎太古之道也。莊周稱至德之世曰：‘昔者容成氏、大庭氏、伯皇氏、中央氏、栗陸氏、驪畜氏、軒轅氏、赫胥氏、尊盧氏、祝融氏、伏犧氏、神農氏，當是時也，民結繩而用之，甘其食，美其服，樂其俗，安其居，鄰國相望，雞犬之音相聞，民至老死而不相往來。’則若此者，非特老子之言而已，古固有是道也。”

記·樂記》作"玄酒"①大羹②而措置也之醴酒醴,甜美,言其水甘如醴酒和羹五味調和之羹湯之下,樂不以嘒huì管③清磬清逸之磬聲而加之朱絃朱弦,練朱弦。練則聲濁疏越④之上者,使人知禮樂之意,所不得已者,如彼而所欲,反本復始如此也。方斯時也,孔子方求文、武、周公之墜緒行將斷絕之皇統,而賡續之老子論其道,與世如此,其意亦猶是而已矣。譬之月建巳夏歷四月而火五行之火始王主,而金五行之金氣已生於其間矣,此五材猶五行所以相繼而不絕也。"故聞古之治,雖有什伯之器而不用,有舟輿而不乘,有甲兵而不陳,則舉大事、用大眾,非得已也。聞其民結繩而用之,鄰國相望,雞犬相聞,至老死不相往來,則煩文倦令、督察稽留止趣疾留,而足迹接乎諸侯之境,車軌結乎千里之外,非得已也。則不得已者,常在於此,而所欲復者,常在彼也,則其肯煩事為以深治人之過乎?然則欲天下不安平泰,不可得也。即沒而不言,猶屏玄水徹疏越,其孰知禮之寧儉而樂之節樂,而反本復始之意乎?夫聖人之言,豈小補哉!《道德真經傳》卷四

居相比連接、接近也,聲相聞也,近而不交,無求之至也。

---

① 《禮記正義·禮運》孔穎達疏曰:"玄酒,謂水也。以其色黑,謂之玄。而太古無酒,此水當酒所用,故謂之玄酒。"

② 《禮記正義·樂記》鄭玄注:"大羹,肉湆,不調以鹽菜。"

③ 謂聲和中節之吹奏樂器,其樂音嘒嘒然。嘒嘒,象聲。

④ 越,謂瑟底孔也,疏通之使聲遲,故云"疏越"。

是篇言小國寡民,則事簡民淳,可復太古之治。自結繩而下,皆太古之治也。誠舉是書,以化民其效,可以如此。

信言不美章第八十一

信言不美,

舒王曰:信者,性也。言近於性則極天下之至順,故言之信者不美_{華美}。夫治天下,至於甘其食,美其服,安其居,樂其俗,老死而不相往來,則治之極。復收斂而歸於道,故次之以信言不美。

王元澤曰:信言要_猶"會"於道,道之出口,淡乎無味,何美之有?

盜言孔甘①,甘者味之美者也;貌言華也,華者色之美者也;巧言如簧,簧者聲之美者也。信言者以道而言也。淡乎無味而非道也,言無華綺_{華麗}而非貌也,言無韻麗而非簧也,此所以不美歟?

美言不信。

河上公曰:美言者,滋美之華辭;不信者,飾偽多空虛。
《道德真經注》卷四

————————

① 《毛詩正義·小雅·巧言》孔穎達疏曰:"險道之人,其言甚甘,使人信之而不已。"

舒王曰:言之美,則不能近於性矣,故美言不信。

王元澤曰:離道而語事物,雖足以美淺聞之聽,而非至論也,故不足於信。

善者不辯,

善行道者,無辯説。

辯者不善。

唐明皇曰:空滯辯説,故不善。《唐玄宗御注道德真經》卷四

王元澤曰:言以明道而已。道要不煩,何用多説? 孔子曰"辭達而已"《論語·衛靈公》。

知者不博,

御注:知道之微者,反要而已。《經》曰:"少則得。"《道德經》二十二章。《宋徽宗御解道德真經》卷四

《纂微》曰:夫知者謂知其道也。明於理而知根本,得其要而已矣,何必博乎? 所謂少則得。《道德真經藏室纂微篇》卷十

博者不知。

御注:聞見之多,不如其約也。莊子曰:"博之不必知知真,辯之不必慧慧照。"《莊子·知北游》。《宋徽宗御解道德真經》卷四

河上公曰:博者多見聞,不知者失要真也。《道德真經注》卷四

蘇子由曰:有一數之始而物之極以貫之,則無所用博,而日益者未必知道也。《道德真經注》卷四

聖人不積，

王弼曰：無私自波多野太郎曰"自"宜作"不"有，唯善是與，任物而已。《道德真經注》卷四

既以與人，己愈有；既以與人，己愈多。

王元澤曰：爲人者，施於事業，以治天下也。因其勢而利之，則吾道不虧，而事業彌廣矣。與人者，授之以道也。授之以道，如天生物，吾未嘗費而物日以夥。既云無積_{積藏}，故又明能贍足萬物，蓋唯無積，乃所以能足也。

曹道沖曰：博施之富無盡，不積之應無窮。妙用日生，求之不屈，大施日與，取之益豐。

有積也，故不足。無藏也，故有餘。聖人不積，亦虛而已。虛故足以應群，實而不屈。所以與人，己愈有；既以與人，己愈多也。

天之道，利而不害。

御注："乾始_{謂乾能始生萬物}能以美利利天下_{謂能以生長美善之道，利益天下}，不言所利。"《易·乾·文言》而物實利之，未始有害。《宋徽宗御解道德真經》卷四

盧裕曰：人道利於此者，或害於彼。天道均平，故有利無害。

顧歡曰：善者得道以成，惡者得道以化_{改易、變化}，同歸乎一，利而不害。

天法道，故春夏生之育之，秋冬成之熟之，是利而不害

也。

聖人之道，爲而不争。

吕吉甫曰：老子之言也，内觀諸心，外觀諸物，仰觀諸天，俯觀諸地，無有不契，是信也。然而下士聞而笑之，天下以爲似不肖，是不美也。言之至近，其指至遠，是善也。然而非以言爲悦，是不辯也。其知至於無知，是知也。而其約不離吾心，是不博也。而學者以美與辯與博求之，則疏矣。老子之道也，以有積爲不足，雖聖智猶絶而棄之，是無積也。故至無而供萬物之求，則是愈有而愈多也。而學者於是不能刳心焉，則不可得而至也。凡物有所利有所不利者，所不利則不能不害矣。唯天之道，無所利則無所不利，無所不利則利而不害矣。凡物之有爲者，莫不有我，有我故有争，唯聖人之道，雖爲而無爲，無爲故無我，無我故不争，是天之道而已矣。《道德真經傳》卷四

聖法天，雖爲也，而爲出於無爲，化成事就，不與物争，故能全其聖功也。

此章總敘作《經》之旨，體道而言也。道淡無味，故不美；言以明道，故不辯；道要不煩，故不博；聖人體道，故不積；以至無供萬物之求，故愈有愈多；天法道，故利而不害；聖法天，故爲而不争。誠欲體道德之説，莫尚於利物而不争，故以此終焉。

道德一合論

未形之先,道與德俱冥;既形之後,道與德俱顯。孰爲道乎？物莫不由者是已。孰爲德乎？道之在我者是已。自其異者視之,道之與德,雖有兩名;自其同者視之,道之與德,不離一致。道降爲德,而德未始外乎道;德出於道,而道未始外乎德。《南華經》云:"一之所起,有一而未形,物得以生之謂德。"《莊子·天地》自其有一未形而言,謂之道;自其物得以生而言,謂之德。又曰:"德總乎道之所一。"①《莊子·徐無鬼》道德合則渾而爲一,離則散而爲二,今言"道德經"者是也。

言"道經""德經"者,非也。後人見上經之首取其道可道,因名爲"道經"也;下經之首取其上德不德,因名爲"德經"也,茲道德之所以分裂歟。上經止言其道,何以言孔德之容,唯道是從？是道不離於德也。若下經止言其德,何以言道生之、德畜之？是德不離於道也。以經考之,道德相須,不可偏舉。嘗試論之,夫道非德無以顯,德非道無以明。道無爲無形,故居化物之先;德有用有爲,故在生化之後。道居先,故處於上;德居後,故處於下。道德合而爲一,不可分而爲二也。《西升經》云:"道德一合,與道通

---

① 郭象注曰:"道之所容者雖無方,然總其大歸,莫過於自得,故一也。"

也。"《南華經》云："形非道不生,生非德不明。① 存形窮生,立德明道。②"《莊子·天地》以是推之,道德相須而不相離也明矣。

司馬溫公述要

太史公曰："老子著書上下篇,言道德之意。"《史記·老子韓非列傳》後人因其篇首之文,上篇曰道,下篇曰德。夫道德連體,不可偏舉,今從本名。

---

① 成玄英疏曰："形者,七尺之身;生者,百齡之命;德者,能澄之智;道者,可通之境也。道能通生萬物,故非道不生;德能鑒照理原,故非德不明。老經云'道生之,德畜之'也。"

② 成玄英疏曰："存,任也。窮,盡也。任形容之妍醜,盡生齡之夭壽,立盛德以匡時,用至道以通物。"

主要參考書目

1.〔漢〕許慎撰、〔宋〕徐鉉等校《説文解字》,上海古籍出版社二〇〇七年版

2.〔漢〕鄭玄注、〔唐〕孔穎達疏《禮記正義》,十三經注疏本,北京大學出版社一九九九年版

3.〔漢〕毛亨傳、〔漢〕鄭玄箋、〔唐〕孔穎達疏《毛詩正義》,十三經注疏本,北京大學出版社一九九九年版

4.〔漢〕司馬遷著、〔宋〕裴駰集解、〔唐〕司馬貞索隱、〔唐〕張守節正義《三家注史記》,中華書局一九五九年版

5.〔魏〕王弼注、〔唐〕孔穎達疏《周易正義》,十三經注疏本,北京大學出版社一九九九年版

6.〔魏〕王弼注、樓宇烈校釋《老子道德經注校釋》,新編《諸子集成》本,中華書局二〇〇八年版

7.〔宋〕朱熹《四書章句集注》,新編《諸子集成》本,中華書局一九八三年版

8.〔清〕郭慶藩《莊子集釋》,新編《諸子集成》本,中華書局二〇〇四年版

9.〔清〕王先謙《莊子集解》,新編《諸子集成》本,中華書局一九八七年版

10.〔清〕王先慎《韓非子集解》,新編《諸子集成》本,中華書局一九九八年版

11.〔清〕孫詒讓《墨子間詁》,新編《諸子集成》本,中華書局二〇

○一年版

　　12. 劉文典《淮南鴻烈集解》，新編《諸子集成》本，中華書局一九八九年版

　　13. 楊伯峻《列子集釋》，新編《諸子集成》本，中華書局二○一三年版

　　14. 楊伯峻《春秋左傳注》，中華書局一九九○年版

　　15. 何寧《淮南子集釋》，中華書局一九九八年版

　　16. 陳士珂輯《孔子家語疏證》，山海書店一九八七年版

　　17. 汪榮寶撰《法言義疏》，新編《諸子集成》本，中華書局一九八七年版

　　18. 林其錟、陳鳳金《劉子集校》，上海古籍出版社一九八五年版

　　19. 蒙文通《道書輯校十種》，巴蜀書社二○○一年版

　　20. 任繼愈主編《道藏提要》，中國社會科學出版社一九九五年版

　　21. 熊鐵基、馬良懷、劉紹軍《中國老學史》，福建人民出版社一九九五年版

　　22. 夏征農、陳至立主編《辭海》，上海辭書出版社二○○九年版

　　23. 王力主編《王力古漢語字典》，中華書局二○○○年版

　　24. 方克立主編《中國哲學大辭典》，中國社會科學出版社一九九四年版

　　25. 任繼愈主編《佛教大辭典》，江蘇古籍出版社二○○二年版

　　26. 胡孚琛主編《中國道教大辭典》，中國社會科學出版社一九九五年版

　　27. 閔智亭主編《道教大辭典》，華夏出版社一九九四年版

　　28.《道藏》，文物出版社、上海書店、天津古籍出版社聯合出版一九八八年版

　　29. 張繼禹主編《中華道藏》，華夏出版社二○○四年版

圖書在版編目（CIP）數據

道德真經取善集/(金)李霖編撰；白杰校注. --北京:華夏出版社有限公司, 2021.6

（中國傳統:經典與解釋）

ISBN 978-7-5222-0082-8

Ⅰ.①道… Ⅱ.①李… ②白… Ⅲ.①道家②《道德經》—研究 Ⅳ.①B223.15

中國版本圖書館CIP數據核字(2020)第255370號

道德真經取善集

作　　者	〔金〕李霖	
校　　注	白　杰	
責任編輯	王霄翎	
責任印製	劉　洋	

出版發行　華夏出版社有限公司

經　　銷　新華書店

印　　刷　三河市少明印務有限公司

裝　　訂　三河市少明印務有限公司

版　　次　2021年6月北京第1版

　　　　　2021年6月北京第1次印刷

開　　本　880×1230　1/32

印　　張　10

字　　數　216千字

定　　價　69.00元

華夏出版社有限公司　地址:北京市東直門外香河園北里4號　郵編:100028

網址:www.hxph.com.cn　電話:(010)64663331(轉)

若發現本版圖書有印裝質量問題，請與我社營銷中心聯繫調換。

西方传统：经典与解释
Classici et Commentarii
HERMES
刘小枫◎主编